Anja Dombrowski

Physikunterricht mit DaZ-Schülern 5–10

Arbeitsblätter mit darauf abgestimmten Wortschatzkarten:
Sofort-Hilfe für Lehrer ohne DaZ-Kenntnisse

Quellenverzeichnis:

S. 102: File:Usain Bolt Moscow 2013.jpg © Erik van Leeuwen [GFDL (http://www.gnu.org/copyleft/fdl.html)], via Wikimedia Commons, https://commons.wikimedia.org/wiki/File:Usain_Bolt_Moscow_2013.jpg

Gedruckt auf umweltbewusst gefertigtem, chlorfrei gebleichtem und alterungsbeständigem Papier.

1. Auflage 2019

Coverillustration: Steffen Jähde
Illustrationen: Steffen Jähde
Satz: Typographie & Computer, Krefeld
Druck und Bindung: Korrekt Nyomdaipari Kft
ISBN 978-3-403-**08232**-3

www.auer-verlag.de

Inhaltsverzeichnis

DaZ-Schüler, die nach dem Besuch der Vorbereitungsklasse auf die Regelklassen verteilt werden, sollen möglichst sofort in das Unterrichtsgeschehen miteinbezogen werden.

Sie sollen
- Freude am Zuhören und Mitsprechen sowie am Lesen und Schreiben in der Zweitsprache entwickeln,
- die deutsche Standardsprache immer besser verstehen können (zuerst nur Gesprochenes, dann auch Geschriebenes),
- sich zunehmend differenziert in deutscher Standardsprache verständigen bzw. sich am Unterricht beteiligen können: zuerst nur mündlich, dann auch schriftlich,
- unter Wahrung ihrer sprachlichen und kulturellen Identität in die neue Sprach- und Kulturgemeinschaft als aktives Mitglied hineinwachsen.

Die Kopiervorlagen in diesem Band richten sich an Schüler[1], deren **Muttersprache nicht Deutsch** ist. Sie zielen darauf ab, die Sprachkompetenz dieser Schüler zu erweitern und sie bestmöglich in ihrem mündlichen und schriftlichen Sprachgebrauch zu fördern. Damit wird gleichzeitig die Integration in der Lerngruppe erleichtert.

Die Schüler sollen inhaltlich klar umrissene **fachspezifische Themenfelder** aus den Kerncurricula erarbeiten. Die vorliegenden Materialien sind somit nicht nur für den DaZ-Unterricht, sondern primär für den **Fachunterricht** geeignet. Damit lernen die Schüler die fachlichen Inhalte und verbessern gleichzeitig ihre Deutschkenntnisse. Weiterhin müssen die Schüler nicht separate Inhalte lernen, sondern erschließen sich die gleichen Kompetenzen wie ihre deutschsprachigen Mitschüler. DaZ-Schüler werden also im Fachunterricht „mitgenommen“ und eine Teilhabe am Unterricht wird ermöglicht, was wiederum zu ihrer Integration beiträgt.

Jedes Kapitel ist gleich aufgebaut: Es enthält eine Seite mit Wortschatzkarten, die das unbekannte Vokabular der Arbeitsblätter mittels Bildern und englischer Übersetzungen einführen, sowie zwei Arbeitsblätter in unterschiedlichen sprachlichen und inhaltlichen Differenzierungsstufen. Damit wird ermöglicht, dass die Schüler am gleichen Thema auf unterschiedlichem Sprachniveau arbeiten können.

Die sich im Buch befindlichen Materialien können schnell, einfach und effizient von der Lehrkraft genutzt werden.

[1] Aufgrund der besseren Lesbarkeit ist mit Schüler auch immer Schülerin gemeint, ebenso verhält es sich bei Lehrer und Lehrerin etc.

Jedes Thema besteht aus zwei Arbeitsblättern. Diese wurden sowohl sprachlich als auch qualitativ und quantitativ differenziert konzipiert.

Das **einfachere Arbeitsblatt** ist vor allem für Schüler geeignet, die die deutsche Sprache noch in sehr geringem Maß bzw. gar nicht beherrschen. Das **anspruchsvollere Arbeitsblatt** ist für diejenigen gedacht, die schon etwas besser Deutsch können. Beide enthalten eindeutige Bilder, Begriffshilfen und leichte Sprache für ein barrierefreies Erschließen von Texten[2]. Die Sätze sind verhältnismäßig kurz, jede Aufgabenstellung enthält möglichst nur einen Inhalt, abstrakte Begriffe werden vermieden.

Um den Schülern das Erschließen der Inhalte und das Erledigen der Arbeitsaufträge zu erleichtern, werden zahlreiche Begriffe, die in den Arbeitsblättern verwendet werden, mithilfe von **Wortschatzkarten** erklärt. Auf diesen Karten befinden sich das deutsche Wort (Verb, Adjektiv bzw. Nomen), dessen englische Übersetzung und ein passendes Bild. Verben werden in der Regel im Infinitiv und im Imperativ dargestellt, bei Nomen werden Einzahl und Mehrzahl genannt.

Insgesamt werden drei verschiedene Wortschatzarten angeboten. Der **Schulwortschatz** enthält elementare Basiswörter, die benötigt werden, um sich im Umfeld Schule sprachlich zurechtzufinden. Des Weiteren gibt es den **Fachwortschatz**. Dort werden alle grundlegenden Wörter, die für das Fach relevant sind, entsprechend dem oben erwähnten Muster abgebildet. Dieser wird ergänzt durch den **Themenwortschatz**, der sich speziell auf das jeweilige Thema bezieht. Die Wortschatzkarten sollten ausgeschnitten und in Karteikästen gesammelt werden, sodass die Schüler die Wörter jederzeit wiederholen und nachschlagen können.

Werden in den Arbeitsblättern den Schülern unbekannte Wörter genannt, sind sie entsprechend gekennzeichnet und können mithilfe der Wortschatzkarten nachgeschlagen werden. Zur Unterscheidung der drei Wortschatzarten werden alle Wörter, die im Schulwortschatz nachzuschlagen sind, mit unterbrochener Unterstreichung markiert. Ist ein Wort durchgehend unterstrichen, so findet man es im Fachwortschatz oder im Themenwortschatz. Selbstverständlich werden die unbekannten Wörter auch in den Lösungen entsprechend ausgewiesen, sodass die Schüler auch an dieser Stelle die Möglichkeit erhalten, fachlichen Inhalt und sprachliche Kenntnisse zu vertiefen.

Auf den Wortschatzkarten sind alle Begriffe alphabetisch sortiert. Sind im Arbeitsblatt Verben durch Konjugation im Vergleich zum dazugehörigen Infinitiv sehr stark verändert (z. B. „miss" und „messen"), wird in Klammern auf den Infinitiv verwiesen, um das Auffinden in den Wortschatzkarten zu erleichtern.

[2] In Anlehnung an die Europäischen Richtlinien für leichte Lesbarkeit

Das vorliegende Werk orientiert sich an den Lehrplänen und curricularen Vorgaben sowie an den gängigen Schulwerken. Es werden damit möglichst viele Inhalte des Physikunterrichts in den Jahrgangsstufen 5–10 abgedeckt. Es soll den Lehrern eine wertvolle Hilfe sein, Lernenden nicht deutscher Herkunft den Unterrichtsstoff der Lerngruppe zu vermitteln und gleichzeitig die sprachlichen Kompetenzen zu fördern.

Die Arbeitsblätter sowie die Wortschatzkarten sollen den Lehrern als Unterstützung dienen, Schüler, die Schwierigkeiten mit der deutschen Sprache haben, in den Physikunterricht einbinden zu können. Durch die Arbeit mit den unterschiedlichen Aufgabenformaten erlernen diese dabei einerseits die im Physikunterricht notwendigen Fachbegriffe, andererseits die erforderlichen Inhalte.

Für jedes Thema gibt es jeweils zwei differenzierte Arbeitsblätter, denen ein gemeinsamer Wortschatz zugrunde liegt. Die Arbeitsblätter sind in ihrer Schwierigkeit sowohl nach dem sprachlichen Niveau als auch hinsichtlich der kognitiven Aktivierung differenziert gestaltet. Somit kann die Mitwirkung der Schüler mit geringen Deutschkenntnissen im regulären Unterricht den individuellen Voraussetzungen und Bedürfnissen der Lernenden angepasst werden.

Dabei sollte nicht außer Acht gelassen werden, dass eine Sprache nur über ein verbales Vorbild erlernt werden kann. Es ist also unerlässlich, die Schüler direkt anzusprechen bzw. sie mit Schülern der Klasse gemeinsam arbeiten – und sprechen – zu lassen.

Es wurde Wert darauf gelegt, dass die Formate vielfach durch Icons erläutert werden und sich die Aufgabentypen wiederholen, um eine Wiedererkennung zu ermöglichen und selbstständiges Arbeiten zu erleichtern.

Bei der Erstellung der Arbeitsmaterialien wurden vor allem folgende Unterrichtsprinzipien zugrunde gelegt:

- **Prinzip der Differenzierung**
  Die Arbeitsblätter in zwei Niveaustufen sind unterschiedlich einsetzbar:
  - Als qualitative Differenzierung: Für leistungsschwächere Schüler ist Niveaustufe 1 gedacht, für leistungsstärkere Niveaustufe 2.
  - Als quantitative Differenzierung: Für leistungsschwächere Lernende kann der Umfang vieler Aufgaben ohne Weiteres reduziert werden, indem sie z. B. nur einen Teil eines Arbeitsblatts bearbeiten. Leistungsstärkere hingegen können zuerst das Aufgabenniveau 1 und später das Aufgabenniveau 2 bearbeiten. Dabei wird ein Teil der Aufgaben Wiederholung sein, um die erlernten Wörter zu vertiefen und zu sichern, ein weiterer Teil ist Transferleistung, Verknüpfung oder weiterführende Arbeit.
- **Prinzip der Selbsttätigkeit/Aktivierung**
  Den Lernenden soll die Gelegenheit gegeben werden, einen Sachverhalt mithilfe ihrer individuellen Lern- und Handlungsmöglichkeiten zu bearbeiten, damit sie dabei ihre Selbstständigkeit und Selbstbestimmung entwickeln können. Es wurden daher häufiger Bastel- und Legeformate gewählt, um die Schüler möglichst mit allen Sinnen zum einen selbsttätig agieren zu lassen und zum anderen deren Motivation zu fördern.

Für Lerner mit geringen Sprachkenntnissen ist hierbei aber eine ständige Begleitung durch die Lehrkraft und/oder Mitschüler notwendig (z. B. um die Aussprache zu üben oder um Farbgebungen zu erläutern).

- **Prinzip der Anschaulichkeit**
  Schon durch den Einsatz der Bilder wird der Zielgruppe der Inhalt verdeutlicht. Ich habe aber daneben vielfach Aufgaben gewählt, die den Lerninhalt über eine weitere Darstellungsebene veranschaulichen sollen, sodass dieser den Lernenden auch sinnlich erfassbar gemacht wird.

Methodisch habe ich mich ebenfalls an den in den Schulbüchern gängigen Aufgabenformaten orientiert. Wichtig bei der Methodenwahl war mir, dass die Schüler für sich selbst arbeiten und dass auch vielfach Verknüpfungen zur Klasse hergestellt werden können.

Die Lösungen zu den jeweiligen Arbeitsblättern sind sowohl als Hilfe für die Lehrkraft als auch zur Selbstkontrolle geeignet.

Ich wünsche Ihnen viel Erfolg und hoffe, Sie in Ihrer Arbeit mit den Schülern, die über geringe Deutschkenntnisse verfügen, unterstützen zu können.

Anja Dombrowski

Schulwortschatz

Schulwortschatz

ankreuzen kreuze an! *to tick*		das Ankreuzen – *ticking*

Schulwortschatz

anmalen male an! *to colour*		das Anmalen – *colouring*

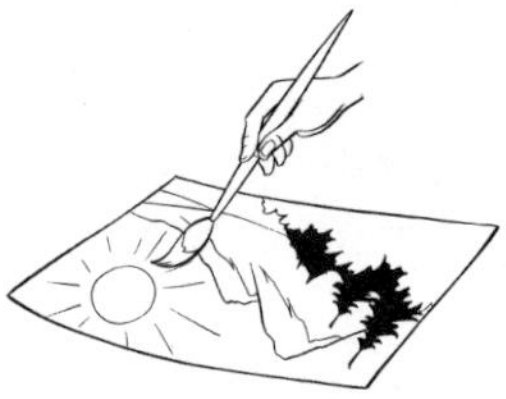

Schulwortschatz

		die Aufgabe die Aufgaben *the task*

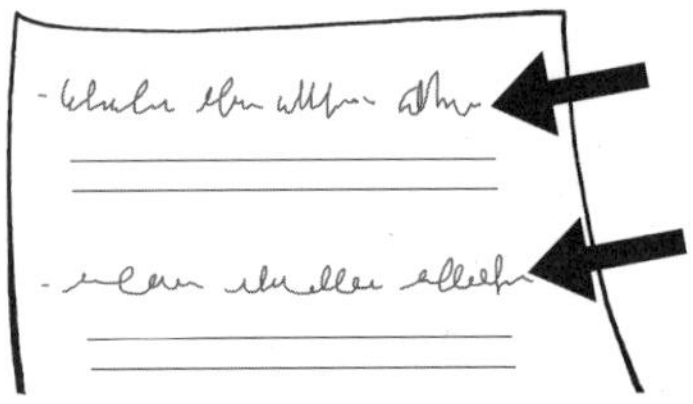

Schulwortschatz

aufstehen steh auf! *to stand up*		das Aufstehen – *standing up*

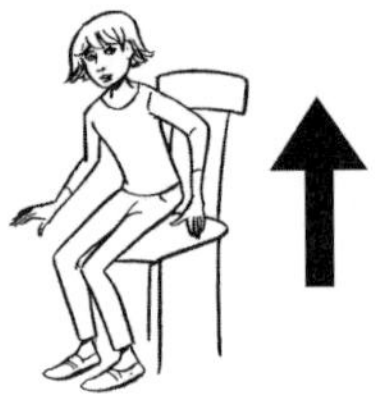

Schulwortschatz

		die Aula die Aulen/Aulas *the assembly hall*

Schulwortschatz

ausschneiden schneide aus! *to cut out*		das Ausschneiden – *cutting out*

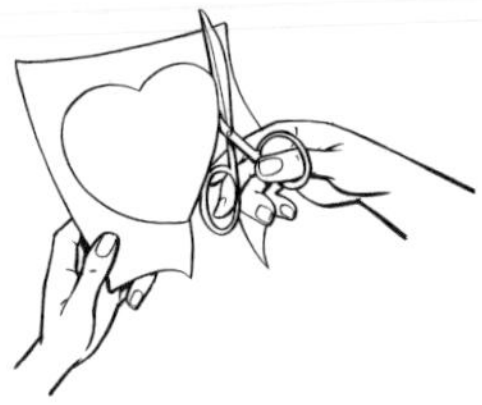

Schulwortschatz

beantworten beantworte! *to answer*		die Beantwortung die Beantwortungen *the answer*

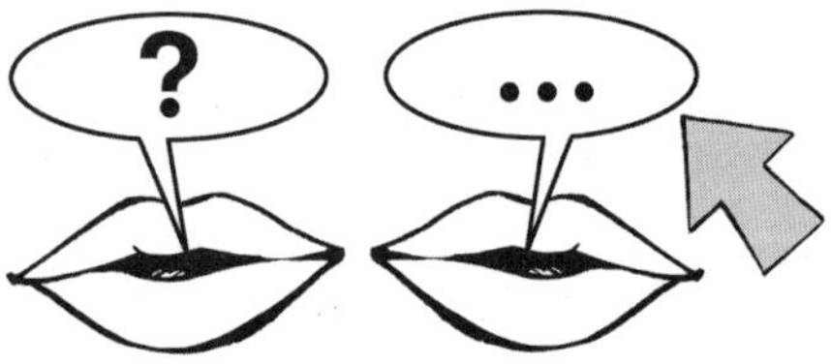

Schulwortschatz

		das Beispiel die Beispiele *the example*

Schulwortschatz

beschreiben beschreibe! *to describe*		die Beschreibung die Beschreibungen *the description*

Schulwortschatz

beschriften beschrifte! *to label*		die Beschriftung die Beschriftungen *the label*

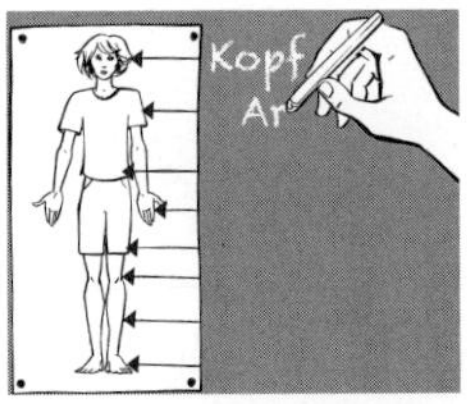

Schulwortschatz

Schulwortschatz		
betrachten betrachte! *to examine*		die Betrachtung die Betrachtungen *the examination*

Schulwortschatz		
	bildlich *pictorial*	**das Bild** die Bilder *the picture*

Schulwortschatz		
		der Bleistift die Bleistifte *the pencil*

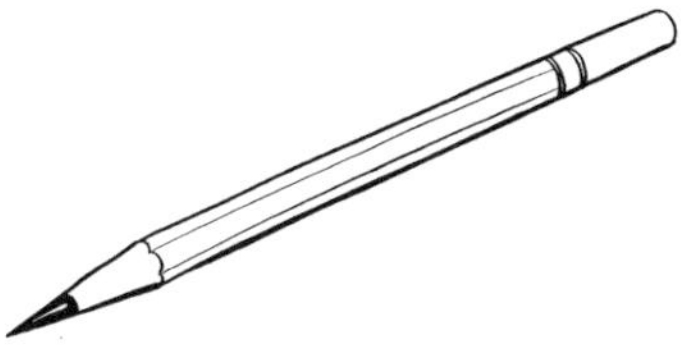

Schulwortschatz		
		der Block die Blöcke *the notepad*

Schulwortschatz		
		das Buch die Bücher *the book*

Schulwortschatz		
buchstabieren buchstabiere! *to spell*		**der Buchstabe** die Buchstaben *the letter*

Schulwortschatz		
		der Buntstift die Buntstifte *the coloured pencil*

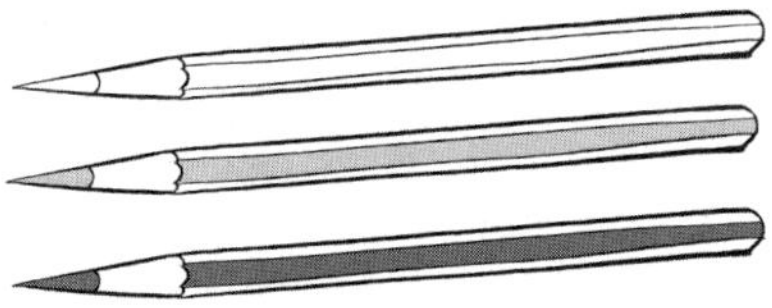

Schulwortschatz		
		das Datum – *the date*

Schulwortschatz		
durchstreichen streiche durch! *to cross out*		das Durchstreichen – *crossing out*

Schulwortschatz		
erklären erkläre! *to explain*		die Erklärung die Erklärungen *the explanation*

Schulwortschatz

	falsch *wrong*	das Falsche – *the wrong answer*

1 + 1 = 3 f

Schulwortschatz

		das Fenster die Fenster *the window*

Schulwortschatz

fragen frage! *to ask*		die Frage die Fragen *the question*

Schulwortschatz

füllen fülle! *to fill*		**der Füller** die Füller *the ink pen*

Schulwortschatz

		der Hausmeister/ **die Hausmeisterin** die Hausmeister/-innen *the caretaker*

Schulwortschatz

		das Heft die Hefte *the exercise book*

Schulwortschatz

helfen hilf! *to help*		die Hilfe die Hilfen *the help*

Schulwortschatz

(sich) hinsetzen setze dich hin! *to sit down*		das Hinsetzen – *sitting down*

Schulwortschatz

hören höre! *to hear*		das Hören – *hearing*

Schulwortschatz

		das Kästchen die Kästchen *the box*

Schreibe das Wort in das ☐.

Schulwortschatz

Schulwortschatz		
		das Klassenzimmer die Klassenzimmer *the classroom*

Schulwortschatz		
lehren lehre! *to teach*		**der Lehrer/die Lehrerin** die Lehrer/-innen *the teacher*

Schulwortschatz		
		das Lehrerzimmer die Lehrerzimmer *the teacher's room*

Schulwortschatz		
	leicht *easy*	

1+1=2

Schulwortschatz		
lernen lerne! *to learn*		das Lernen – *learning*

Schulwortschatz		
lesen lies! *to read*		das Lesen – *reading*

Schulwortschatz		
		das Lineal die Lineale *the ruler*

Schulwortschatz		
		die Lücke die Lücken *the gap*

Fülle die ____________ aus.

Schulwortschatz		
		das Mäppchen die Mäppchen *the pencil case*

Schulwortschatz		
markieren markiere! *to highlight*		die Markierung die Markierungen *the highlight*

Schulwortschatz

nennen nenne! *to name*		das Nennen – *the naming*

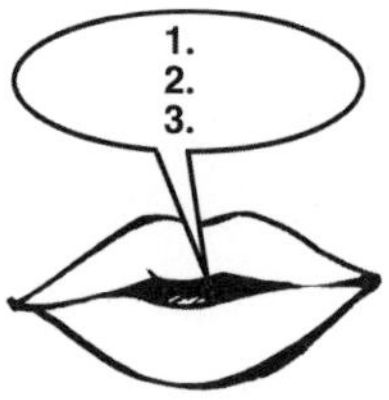

1.
2.
3.

Schulwortschatz

ordnen ordne! *to order*		die Ordnung – *the order*

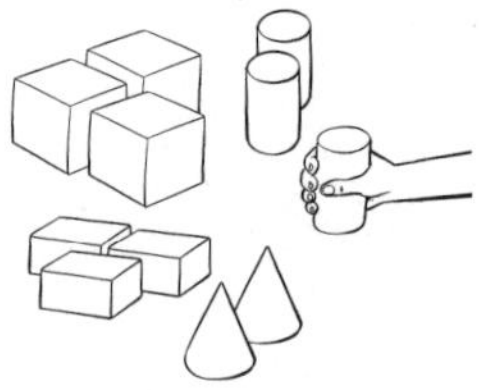

Schulwortschatz

		der Ordner die Ordner *the file*

Schulwortschatz

		der Papierkorb die Papierkörbe *the waste paper basket*

Schulwortschatz

		die Pause die Pausen *the break*

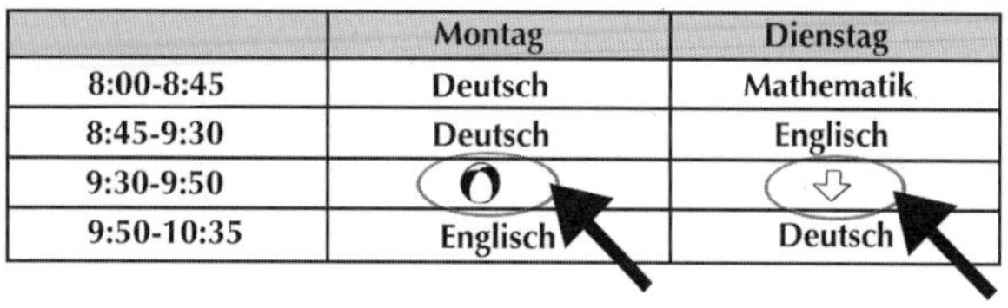

	Montag	Dienstag
8:00-8:45	Deutsch	Mathematik
8:45-9:30	Deutsch	Englisch
9:30-9:50		
9:50-10:35	Englisch	Deutsch

Schulwortschatz

		der Pausenhof die Pausenhöfe *the schoolyard*

Schulwortschatz

radieren radiere! *to rub out*		**der Radiergummi** die Radiergummis *the rubber*

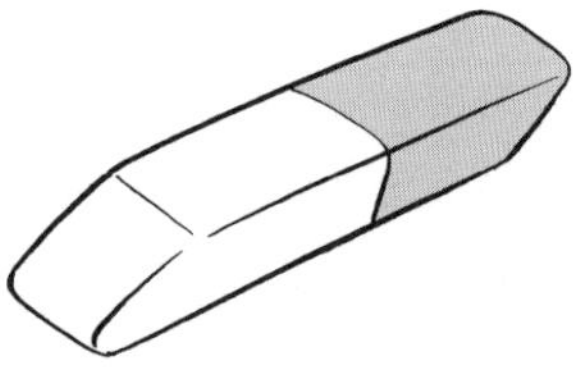

Schulwortschatz

rechnen rechne! *to count*		die Rechnung die Rechnungen *the bill*

2+2=4

Schulwortschatz

		die Reihenfolge die Reihenfolgen *the order*

1 ➡ 2 ➡ 3 ➡ 4 ➡ 5 ➡ ...

Schulwortschatz

	richtig *right*	das Richtige – *the right answer*

1 + 1 = 2 ✓

Schulwortschatz

Schulwortschatz

		die Schere die Scheren *the scissors*

Schulwortschatz

schreiben schreibe! *to write*		das Schreiben – *writing*

Schulwortschatz

		der Schulleiter/ **die Schulleiterin** die Schulleiter/-innen *the head teacher*

Schulwortschatz

	schwer *difficult*	

$$\int_a^b f(x)dx=F(b)-F(a)$$

Schulwortschatz

sehen sieh! *to see*		das Sehen – *seeing*

Schulwortschatz

		das Sekretariat die Sekretariate *the school office*

Schulwortschatz

spielen spiele! *to play*		das Spiel die Spiele *the game*

Schulwortschatz

spitzen spitze! *to sharpen*	spitz *sharp*	**der Spitzer** die Spitzer *the pencil sharpener*

Schulwortschatz

sprechen sprich! *to speak*		das Sprechen – *speaking*

Schulwortschatz

		der Stift die Stifte *the pen*

Schulwortschatz

Schulwortschatz		
		der Stuhl die Stühle *the chair*

Schulwortschatz		
suchen suche! *to search*		die Suche die Suchen *the search*

Schulwortschatz		
		die Tabelle die Tabellen *the table*

falsch	richtig

Schulwortschatz		
		die Tafel die Tafeln *the blackboard*

Schulwortschatz		
		die Tasche die Taschen *the bag*

Schulwortschatz		
		der Textmarker die Textmarker *the highlighter*

TEXTMARKER

Schulwortschatz		
		der Tisch die Tische *the table*

Schulwortschatz		
überlegen überlege! *to consider*		die Überlegung die Überlegungen *the consideration*

Schulwortschatz		
überprüfen überprüfe! *to check*		die Überprüfung die Überprüfungen *the check*

Schulwortschatz		
übersetzen übersetze! *to translate*		die Übersetzung die Übersetzungen *the translation*

Schulwortschatz

Schulwortschatz

		die Uhr die Uhren *the clock*

Schulwortschatz

verbinden verbinde! *to connect*		die Verbindung die Verbindungen *the connection*

Schulwortschatz

wiederholen wiederhole! *to repeat*		die Wiederholung die Wiederholungen *the repetition*

Schulwortschatz

		das Wort die Wörter *the word*

Wort

Schulwortschatz

		das Wörterbuch die Wörterbücher *the dictionary*

Schulwortschatz

zählen zähle! *to count*		**die Zahl** die Zahlen *the number*

1

Schulwortschatz

zeichnen zeichne! *to draw*		die Zeichnung die Zeichnungen *the drawing*

Schulwortschatz

zeigen zeige! *to show*		das Zeigen – *showing*

Schulwortschatz

	zeitlich *temporal*	**die Zeit** die Zeiten *the time*

Schulwortschatz

zuordnen ordne zu! *to match*		die Zuordnung die Zuordnungen *the matching*

BAUM

Fachwortschatz

Fachwortschatz Physik

aufbauen baue auf! *to build up*		**der Aufbau** – *the building*

Fachwortschatz Physik

		das Auge die Augen *the eye*

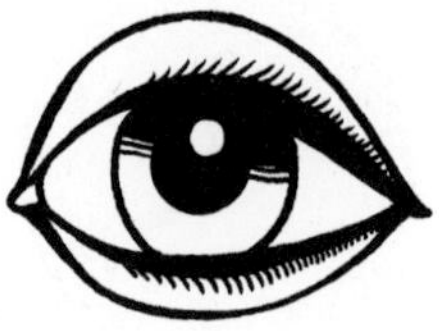

Fachwortschatz Physik

ausbreiten breite aus! *to spread out*	breit *wide*	**die Ausbreitung** die Ausbreitungen *the spreading*

Fachwortschatz Physik

		die Batterie die Batterien *the battery*

Fachwortschatz Physik

beobachten beobachte! *to observe*		**die Beobachtung** die Beobachtungen *the observation*

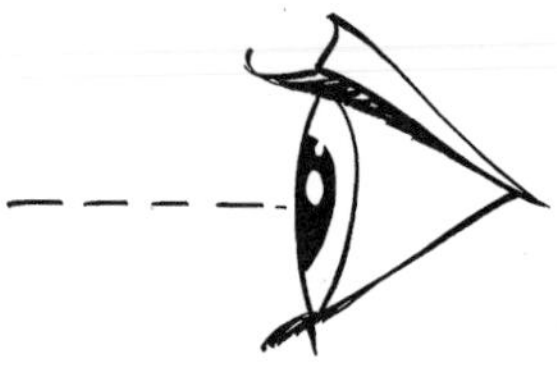

Fachwortschatz Physik

(sich) bewegen beweg dich! *to move*		**die Bewegung** die Bewegungen *the movement*

Fachwortschatz Physik

durchführen führe durch! *to perform*		**die Durchführung** die Durchführungen *the perfomance*

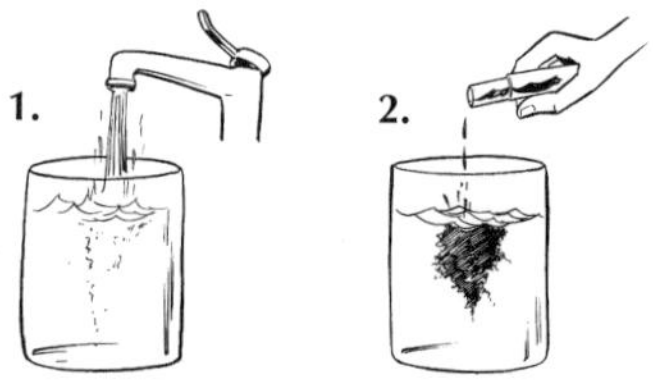

Fachwortschatz Physik

	eisig *icy*	**das Eis** – *the ice*

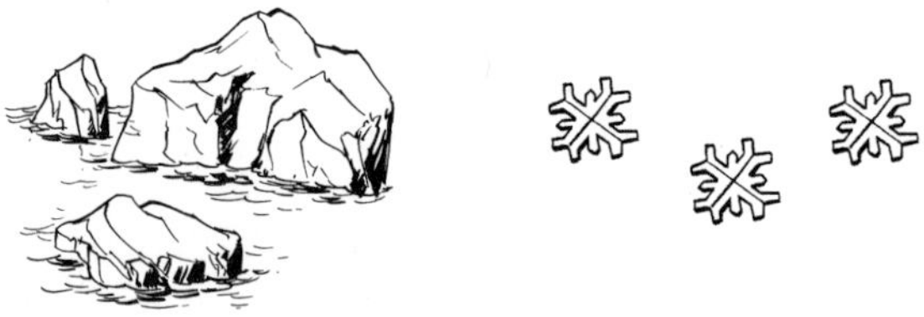

Fachwortschatz Physik

	elektrisch *electrical*	die Elektrizität – *the electricity*

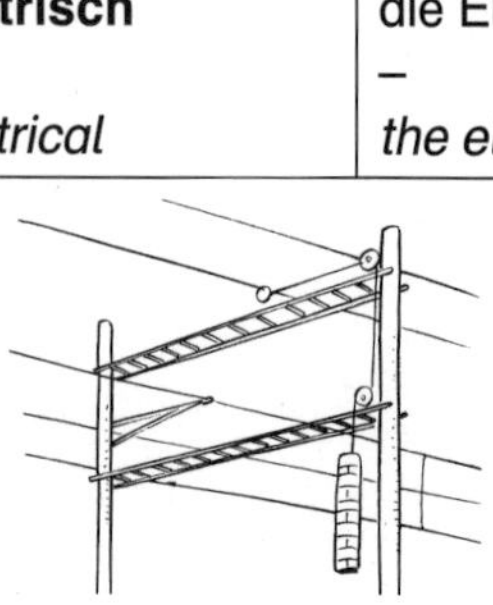

Fachwortschatz Physik

		das Ergebnis die Ergebnisse *the result*

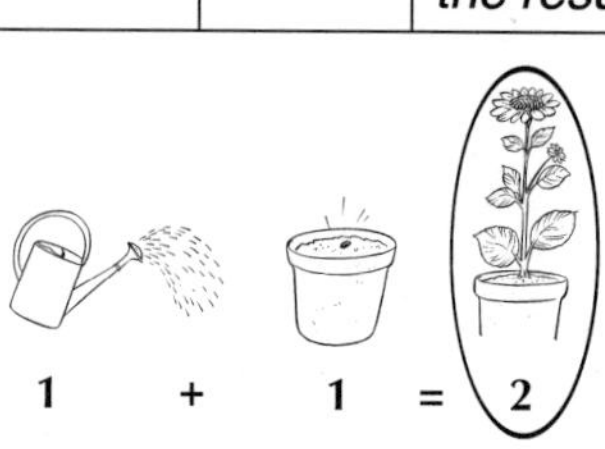

1 + 1 = 2

Fachwortschatz Physik

experimentieren experimentiere! *to experiment*		das Experiment die Experimente *the experiment*

Fachwortschatz Physik

		die Farbe die Farben *the colour*

Fachwortschatz Physik

	fest *solid*	

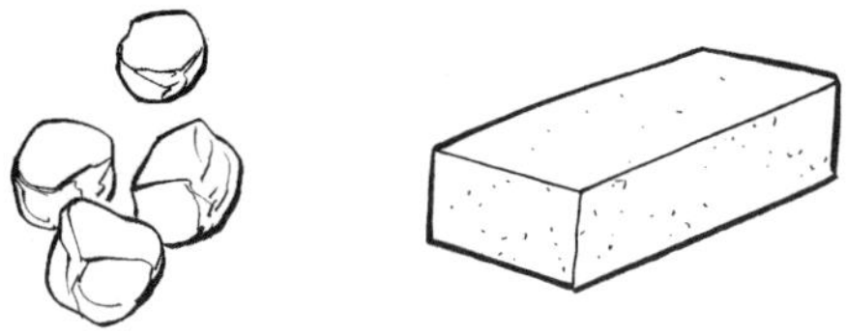

Fachwortschatz Physik

		das Feuer die Feuer *the fire*

Fachwortschatz Physik

fließen fließe! *to flow*	**flüssig** *liquid*	**die Flüssigkeit** die Flüssigkeiten *the liquid*

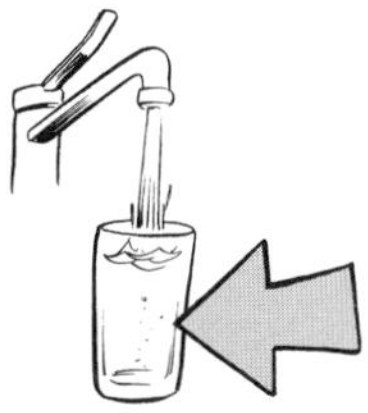

Fachwortschatz Physik

		der Gasbrenner die Gasbrenner *the gas burner*

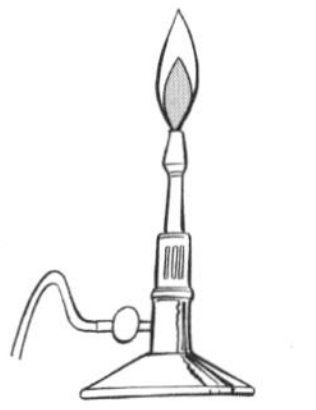

Fachwortschatz Physik

	gefährlich *dangerous*	**die Gefahr** die Gefahren *the danger*

Fachwortschatz Physik

		der Gegenstand die Gegenstände *the object*

Fachwortschatz Physik

	geradlinig *linear*	

Fachwortschatz Physik

		die Geschwindigkeit die Geschwindigkeiten *the velocity*

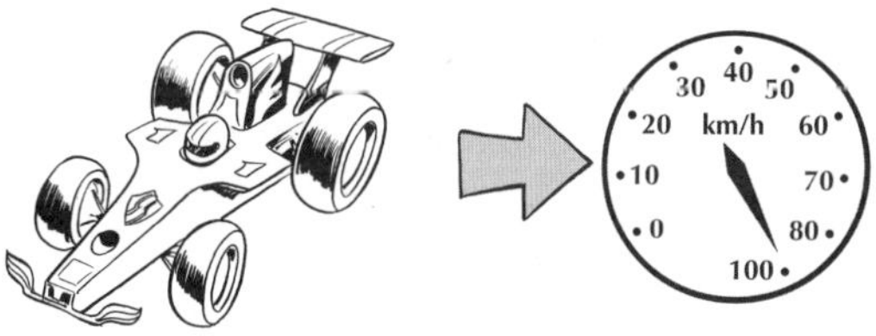

Fachwortschatz

Fachwortschatz Physik

		das Gesetz die Gesetze *the law*

Fachwortschatz Physik

		die Gewichtskraft die Gewichtskräfte *the weight force*

Fachwortschatz Physik

		das Glas die Gläser *the glass*

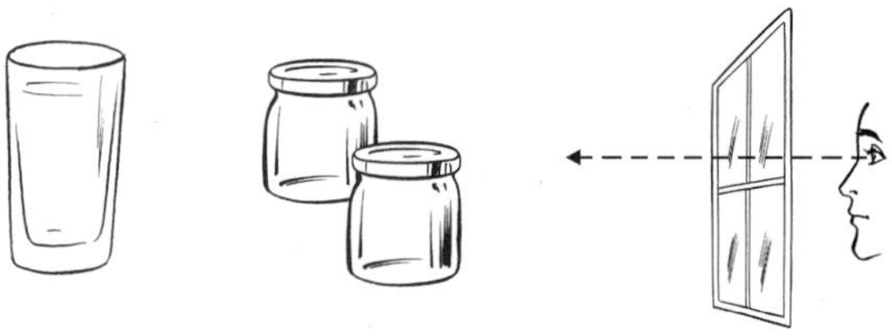

Fachwortschatz Physik

	gleich *equal*	

2 x = 10 |:2
x = 5

Fachwortschatz Physik

	groß *big*	**die Größe** die Größen *the dimension*

62,5 g
125 g
250 g
500 g
1kg

Fachwortschatz Physik

		das Kabel die Kabel *the cable*

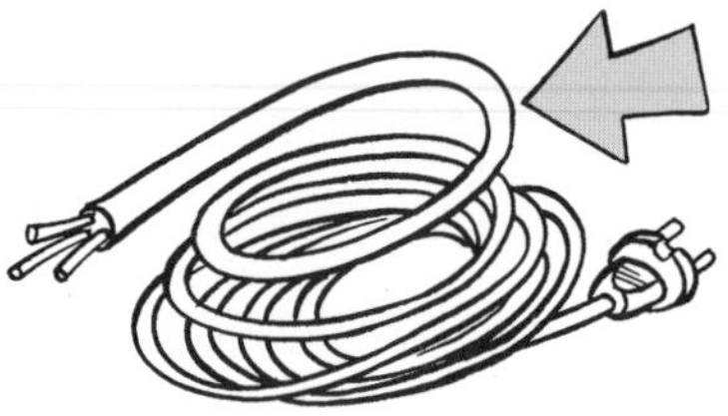

Fachwortschatz Physik

	kaputt *broken*	

Fachwortschatz Physik

	klein *small*	

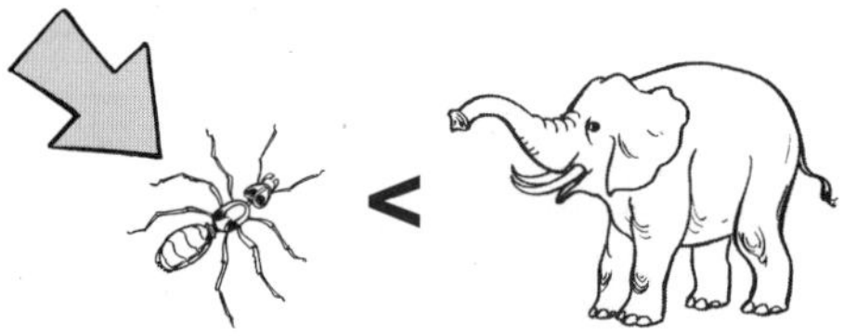

<

Fachwortschatz Physik

	kräftig *powerful*	**die Kraft** die Kräfte *the force*

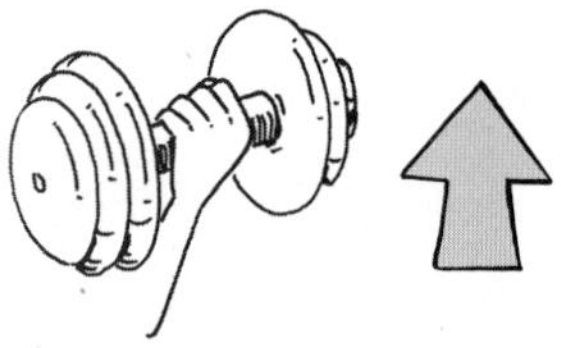

Fachwortschatz Physik

		die Lampe die Lampen *the lamp*

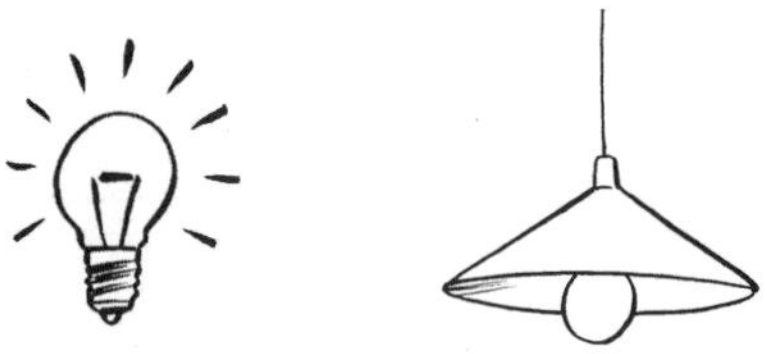

Fachwortschatz

Fachwortschatz Physik		
leiten leite! *to conduct*	leitend *conductive*	**die Leitung** die Leitungen *the conduction*

Fachwortschatz Physik		
leuchten leuchte! *to shine*		**das Licht** die Lichter *the light*

Fachwortschatz Physik		
		die Lichtquelle die Lichtquellen *the light source*

Fachwortschatz Physik		
lösen löse! *to solve*		**die Lösung** die Lösungen *the solution*

Fachwortschatz Physik		
		das Lot die Lote *the normal*

Fachwortschatz Physik		
		die Luft die Lüfte *the air*

Fachwortschatz Physik		
	magnetisch *magnetic*	**der Magnet** die Magnete *the magnet*

Fachwortschatz Physik		
		das Material die Materialien *the equipment*

Fachwortschatz Physik		
messen miss! *to measure*		die Messung die Messungen *the measurement*

Fachwortschatz Physik		
		das Netzgerät die Netzgeräte *the power supply*

Fachwortschatz

Fachwortschatz Physik

die Richtung die Richtungen *the direction*		

Fachwortschatz Physik

schalten schalte! *to connect*		**die Schaltung** die Schaltungen *the circuit*

Fachwortschatz Physik

schließen schließ! *to close*	**geschlossen** *closed*	

Fachwortschatz Physik

	schnell *fast*	die Schnelle die Schnellen *the speed*

Fachwortschatz Physik

		die Schutzbrille die Schutzbrillen *the safety glasses*

Fachwortschatz Physik

		die Sonne die Sonnen *the sun*

Fachwortschatz Physik

		die Steckdose die Steckdosen *the socket-outlet*

Fachwortschatz Physik

steigen steige! *to rise*		das Steigen – *the rise*

Fachwortschatz Physik

stellen stelle! *to place*		

Fachwortschatz Physik

		der Strahl die Strahlen *the ray*

Fachwortschatz

Fachwortschatz Physik		
		der (elektrische) Strom die (elektrischen) Ströme *the electrical current*

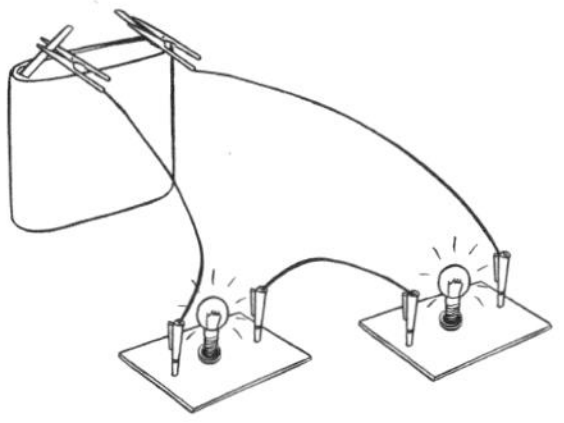

Fachwortschatz Physik		
		die Temperatur die Temperaturen *the temperature*

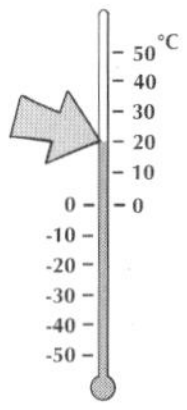

Fachwortschatz Physik		
(sich) verhalten verhalte dich! *to behave*		**das Verhalten** die Verhalten *the behaviour*

Fachwortschatz Physik		
vermuten vermute! *to guess*	vermutlich *probable*	**die Vermutung** die Vermutungen *the guess*

Fachwortschatz Physik		
versuchen versuche! *to try*		**der Versuch** die Versuche *the experiment*

Fachwortschatz Physik		
erwärmen erwärme! *to warm (up)*	**warm** *warm*	**die Wärme** – *the warmth*

Fachwortschatz Physik		
wässern wässere! *to water*		**das Wasser** die Wasser *the water*

Fachwortschatz Physik		
		der Weg die Wege *the path*

Fachwortschatz Physik		
		der Winkel die Winkel *the angle*

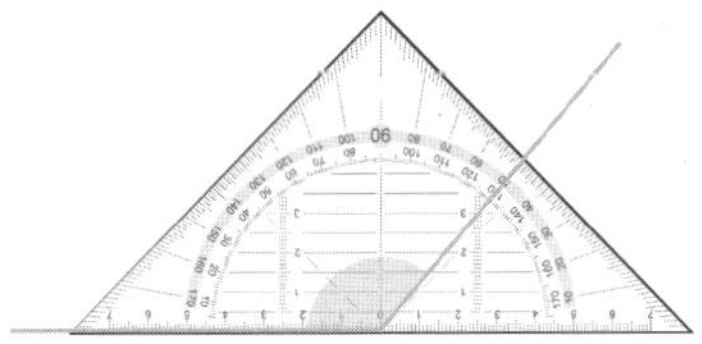

Fachwortschatz Physik		
wirken wirke! *to have an effect*		**die Wirkung** die Wirkungen *the effect*

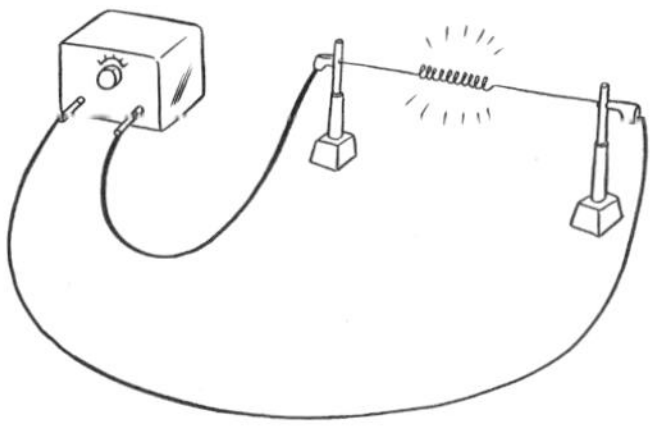

Richtiges Verhalten im Physikraum

Richtiges Verhalten im Physikraum

essen iss! *to eat*		**das Essen** die Essen *the food*

Richtiges Verhalten im Physikraum

		das Haar **die Haare** *the hair*

Richtiges Verhalten im Physikraum

	sicher *safe*	**die Sicherheit** die Sicherheiten *the safety*

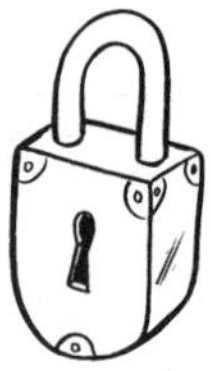

Richtiges Verhalten im Physikraum

trinken trink! *to drink*		das Getränk die Getränke *the drink*

Richtiges Verhalten im Physikraum

1. Sieh (→ sehen) dir die Bilder an.
Wer verhält sich richtig? Kreuze (→ ankreuzen) das richtige Verhalten an.

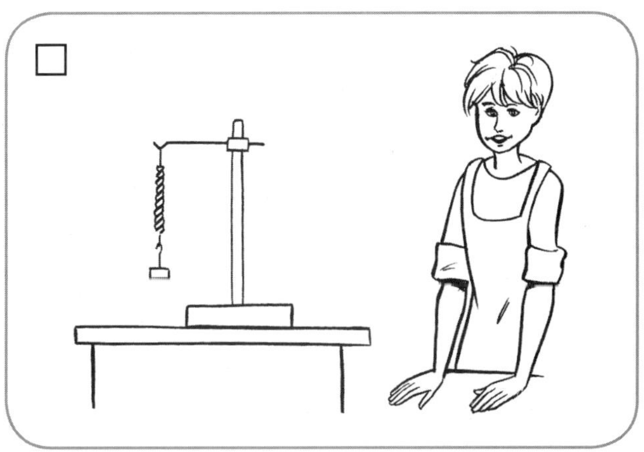

Richtiges Verhalten im Physikraum

1. Schneide (→ ausschneiden) die Bilder unten (↓) aus.
2. Ordne (→ zuordnen) die Bilder dem richtigen Verhalten zu.

a) Ich esse nicht und ich trinke nicht.

b) Ich stelle die Tasche unter (↓) den Tisch.

c) Ich binde die Haare zusammen.

d) Ich trage eine Schutzbrille, wenn ich mit dem Gasbrenner experimentiere.

e) Ich experimentiere nur mit der Batterie oder dem Netzgerät. Elektrischer Strom aus der Steckdose ist gefährlich!

f) Ich baue (→ aufbauen) den Versuch sicher auf.

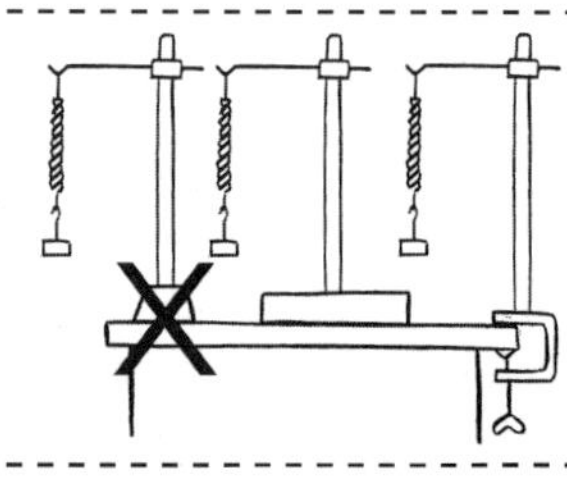

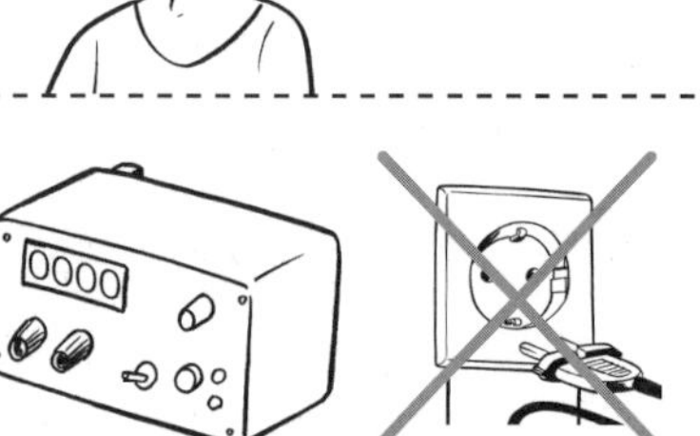

Richtiges Verhalten im Physikraum

1.

☒ 

☒ 

☐ 

☐ 

☒ 

☐ 

☒ 

☐ 

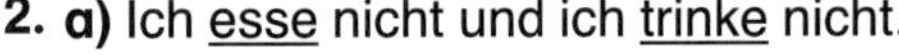

2. **a)** Ich esse nicht und ich trinke nicht.

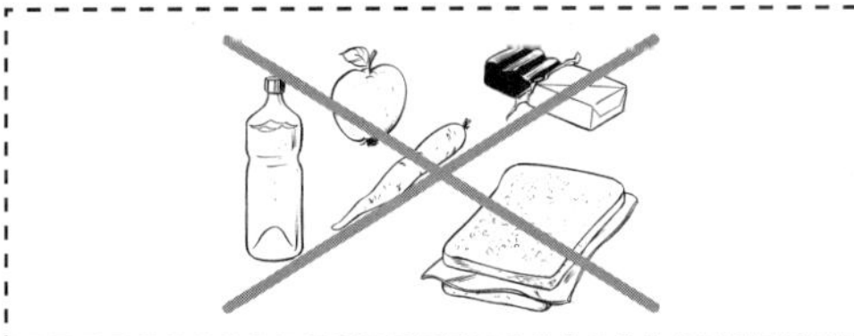

b) Ich stelle die Tasche unter (↓) den Tisch.

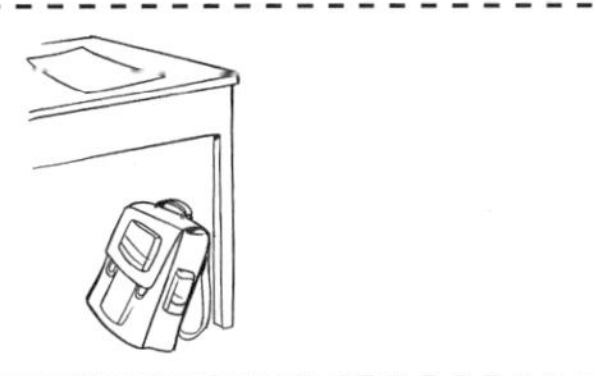

c) Ich binde die Haare zusammen.

d) Ich trage eine Schutzbrille, wenn ich mit dem Gasbrenner experimentiere.

e) Ich experimentiere nur mit der Batterie oder dem Netzgerät. Elektrischer Strom aus der Steckdose ist gefährlich!

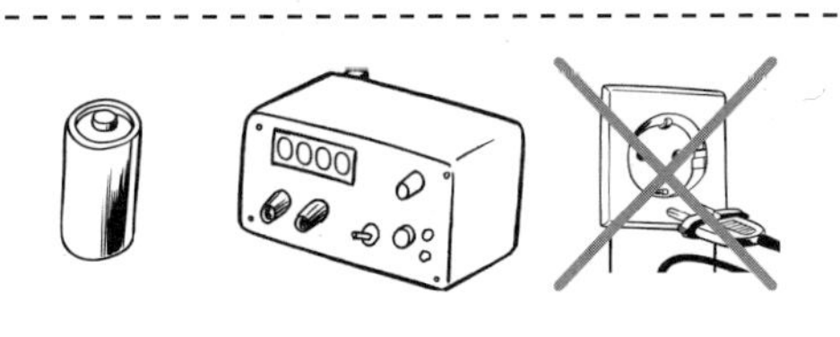

f) Ich baue (→ aufbauen) den Versuch sicher auf.

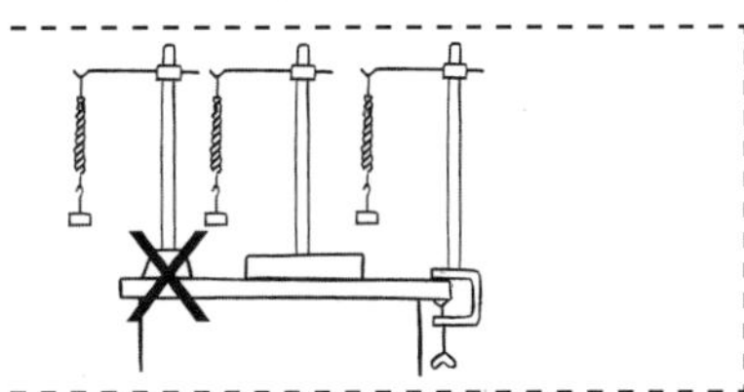

Sicherheit im Physikraum

Sicherheit im Physikraum

		die Augendusche die Augenduschen *the eye shower*

Sicherheit im Physikraum

drücken drück! *to press*		der Druck die Drücke *the pressure*

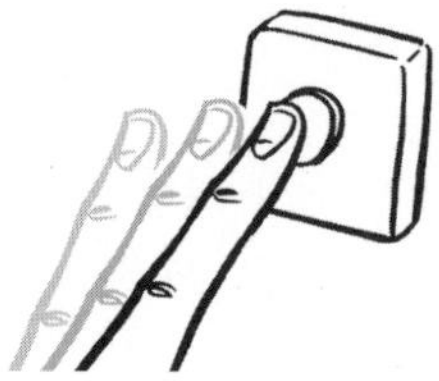

Sicherheit im Physikraum

		der Erste-Hilfe-Kasten die Erste-Hilfe-Kästen *the first aid kit*

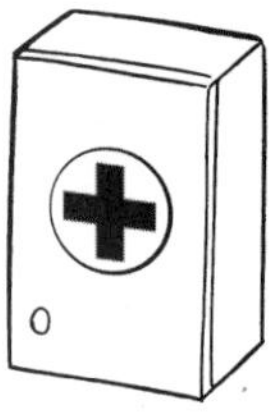

Sicherheit im Physikraum

		der Feuerlöscher die Feuerlöscher *the fire extinguisher*

Sicherheit im Physikraum

		der Fluchtweg die Fluchtwege *the emergency exit*

Sicherheit im Physikraum

		die Löschdecke die Löschdecken *the fire blanket*

Sicherheit im Physikraum

löschen lösche! *to extinguish*		

Sicherheit im Physikraum

		der NOT-AUS-Schalter die NOT-AUS-Schalter *the emergency stop button*

Sicherheit im Physikraum

(das Auge) spülen spüle! *to rinse (the eye)*		

Sicherheit im Physikraum

verbinden verbinde! *to bandage*		**der Verband** die Verbände *the bandage*

1. Verbinde die Bilder mit den richtigen Wörtern.

die Löschdecke

die Augendusche

der Feuerlöscher

der Erste-Hilfe-Kasten

die Schutzbrille

der NOT-AUS-Schalter

der Fluchtweg

2. Ordne die Sätze in die richtige Reihenfolge. Schreibe die Zahlen 1–7 in die Kästchen.

Feueralarm! So verhältst du dich richtig:

- ☐ Ich gehe auf dem Fluchtweg aus dem Klassenzimmer.
- ☐ Ich höre den Feueralarm.
- ☐ Ich stelle (→ aufstellen) mich am Sammelplatz auf.
- ☐ Ich nehme keine Schulsachen mit.
- ☐ Ich bleibe ruhig.
- ☐ Der Lehrer schließt die Tür.
- ☐ Ich schließe das Fenster, wenn Zeit ist.

1. Schreibe die richtigen Wörter in die Lücken:
Augendusche, Erste-Hilfe-Kasten, Fluchtweg, Feuerlöscher, Schutzbrille, Löschdecke, NOT-AUS-Schalter

! Gefahr ⇨ Richtiges Verhalten !

Gefahr		Richtiges Verhalten	
	⇨		Der Lehrer löscht das Feuer mit dem ______________.
	⇨		Ich hole die ______________.
	⇨		Das grüne Schild zeigt den ______________.
	⇨		Ich hole ein Pflaster oder einen Verband aus dem ______________.
	⇨		Ich trage eine ______________.
	⇨		Ich spüle das Auge mit der ______________.
	⇨	 NOT-AUS	Ich drücke den ______________.

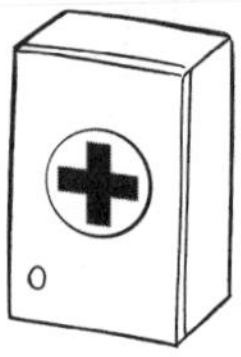

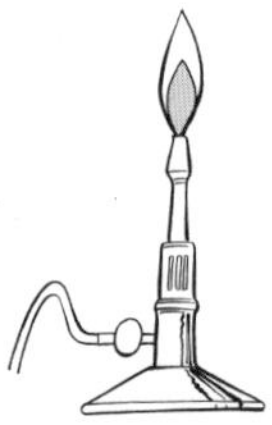

1.

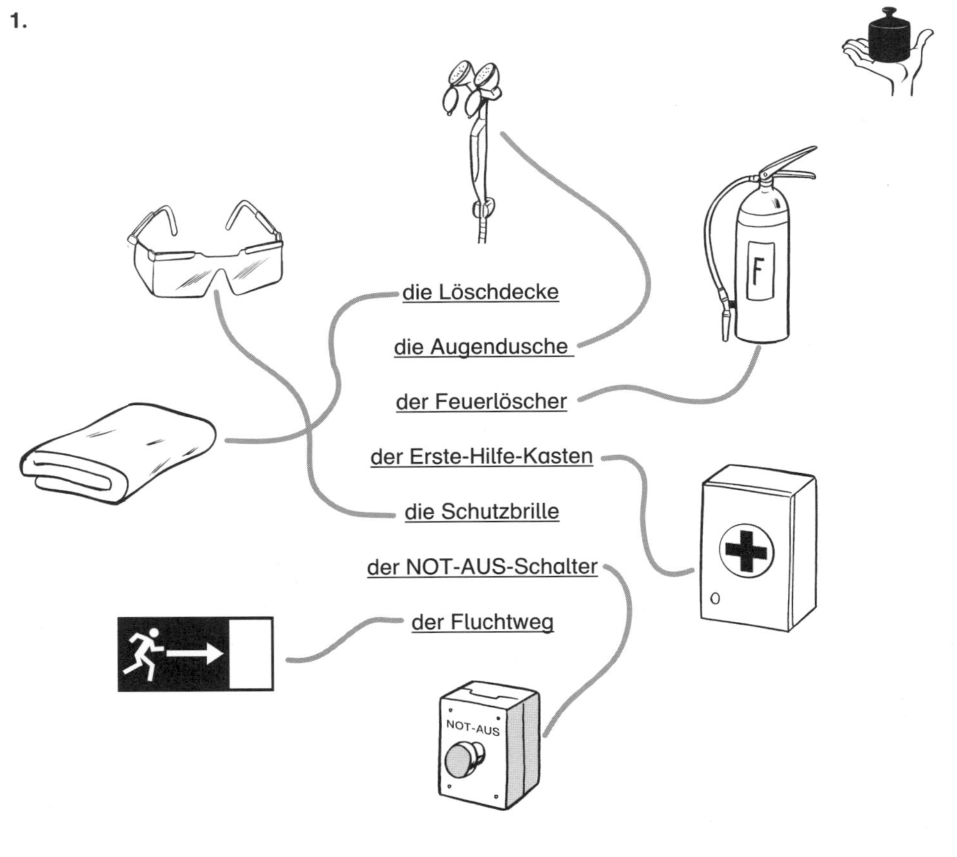

2.

Feueralarm! So verhältst du dich richtig:

- 5 Ich gehe auf dem Fluchtweg aus dem Klassenzimmer.
- 1 Ich höre den Feueralarm.
- 7 Ich stelle mich am Sammelplatz auf.
- 4 Ich nehme keine Schulsachen mit.
- 2 Ich bleibe ruhig.
- 6 Der Lehrer schließt die Tür.
- 3 Ich schließe das Fenster, wenn Zeit ist.

1.

! Gefahr → Richtiges Verhalten !

Gefahr		Richtiges Verhalten	
	→		Der Lehrer löscht das Feuer mit dem Feuerlöscher.
	→		Ich hole die Löschdecke.
	→		Das grüne Schild zeigt den Fluchtweg.
	→		Ich hole ein Pflaster oder einen Verband aus dem Erste-Hilfe-Kasten.
	→		Ich trage eine Schutzbrille.
  	→		Ich spüle das Auge mit der Augendusche.
 	→  	 NOT-AUS	Ich drücke den NOT-AUS-Schalter.

Lichtausbreitung

Lichtausbreitung

		die Flamme die Flammen *the flame*

Lichtausbreitung

	gebogen *curved*	der Bogen die Bögen *the curve*

Lichtausbreitung

halten halte! *to hold*		

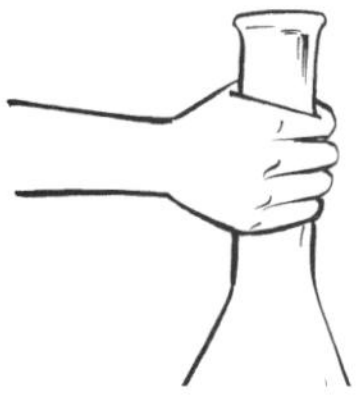

Lichtausbreitung

	kegelförmig *conic*	der Kegel die Kegel *the cone*

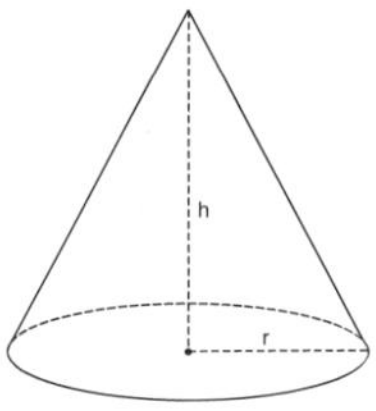

Lichtausbreitung

		die Kerze die Kerzen *the candle*

Lichtausbreitung

	künstlich *artificial*	

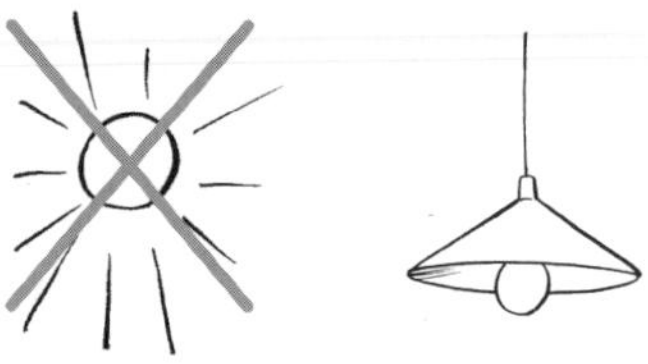

Lichtausbreitung

	natürlich *natural*	die Natur – *the nature*

Lichtausbreitung

		der Schlauch die Schläuche *the hose*

Lichtausbreitung

treffen triff! *to strike*		der Treffer die Treffer *the strike*

1. Versuch: Lichtausbreitung
   - Frage: Wie breitet (→ ausbreiten) sich Licht aus?
   - Vermutung:

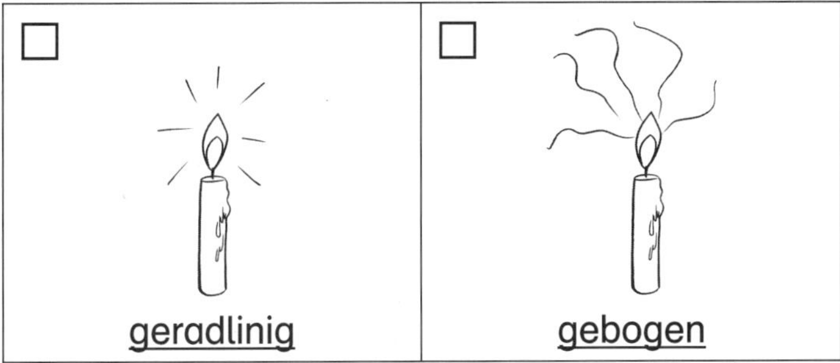

- Material:

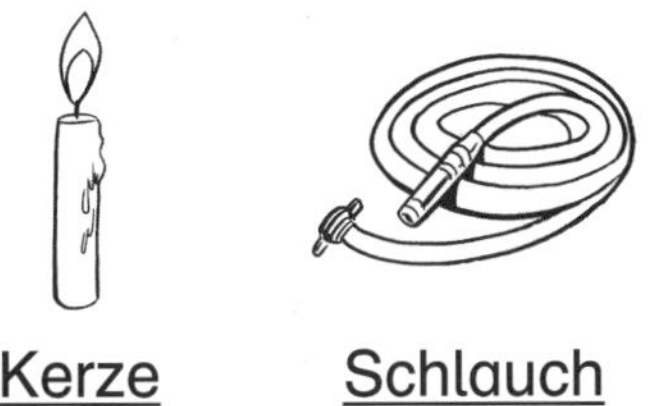

- Aufbau und Durchführung:

Halte den Schlauch so, dass du die Flamme der Kerze siehst (→ sehen).

- Beobachtung: Zeichne den Schlauch in das Bild.

- Ergebnis: Kreuze (→ ankreuzen) an, wie sich das Licht ausbreitet.

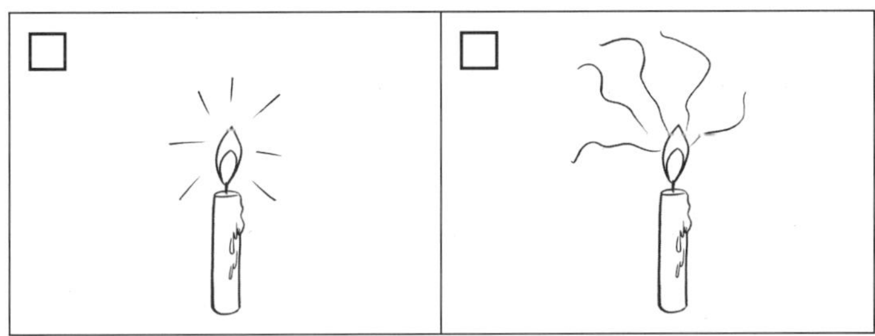

Lichtquellen

1. Welche Bilder zeigen eine natürliche Lichtquelle? Welche Bilder zeigen eine künstliche Lichtquelle? Verbinde die Bilder mit den richtigen Wörtern.

die Sonne

das Feuer

die Taschenlampe

die Fackel

Natürliche Lichtquelle

Künstliche Lichtquelle

der Blitz

das Glühwürmchen

die Kerze

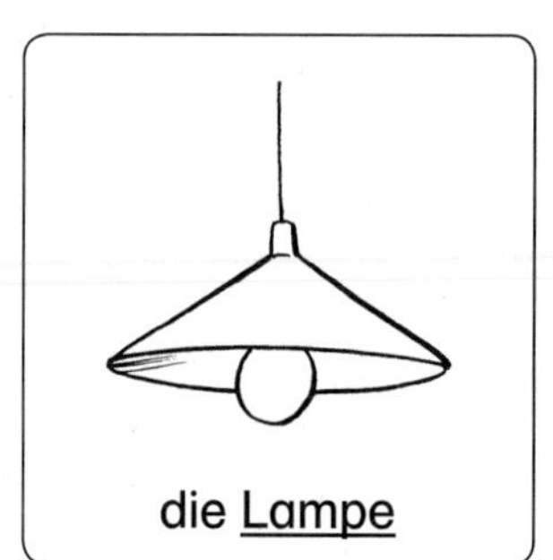
die Lampe

Lichtausbreitung

2. Wie breitet (→ ausbreiten) sich Licht aus? Schreibe die richtigen Wörter in die Lücken:

kegelförmig, in alle Richtungen, geradlinig

Das Licht breitet sich von der Lichtquelle ______________________ aus, bis das Licht auf einen Gegenstand trifft (→ treffen).

Licht breitet sich von der Sonne ______________________ aus.

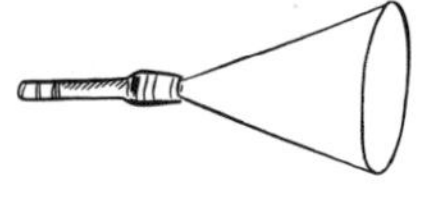

Das Licht breitet sich ______________________ aus.

Lichtquellen

1.

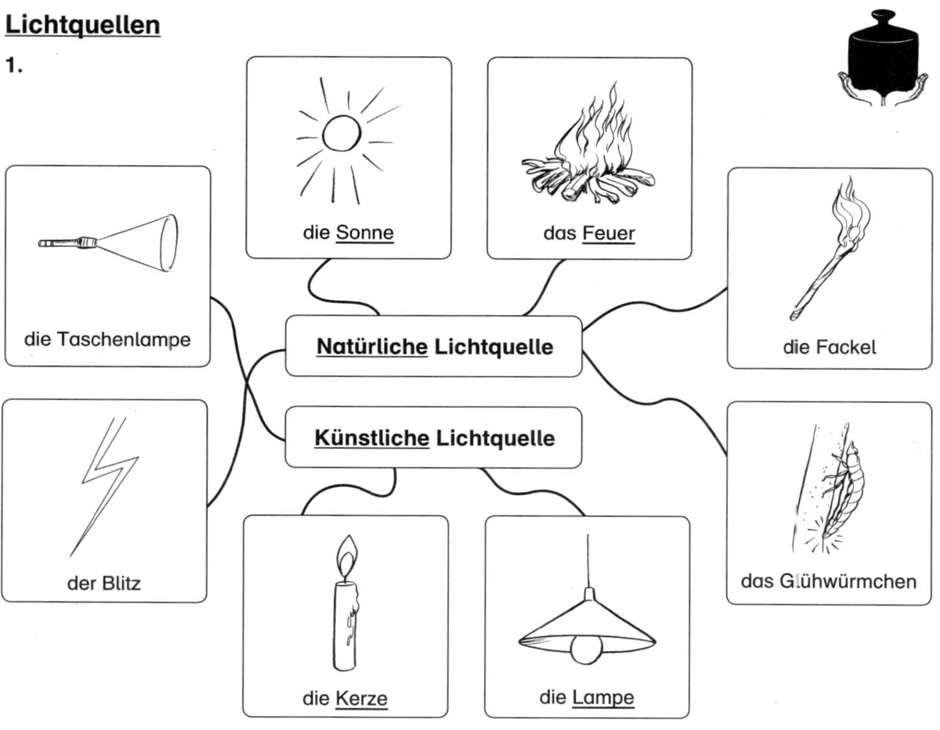

Lichtausbreitung

2.

Das Licht breitet sich von der Lichtquelle _geradlinig_ aus, bis das Licht auf einen Gegenstand trifft (→ treffen).

Licht breitet sich von der Sonne _in alle Richtungen_ aus.

Das Licht breitet sich _kegelförmig_ aus.

1. Beobachtung:

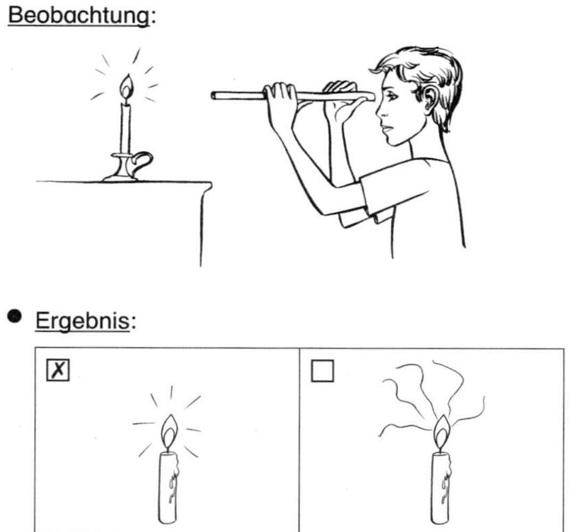

● Ergebnis:

☒ | ☐

Schatten

Schatten		
	dunkel *dark*	

Schatten		
		der Halbschatten die Halbschatten *the half shade*

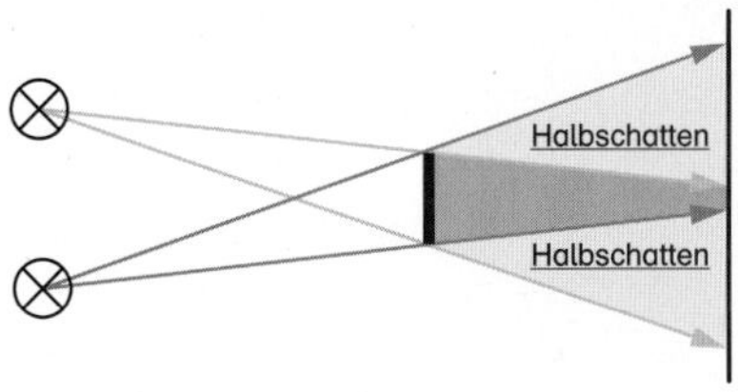

Halbschatten
Halbschatten

Schatten		
	hell *bright*	

Schatten		
		der Kernschatten die Kernschatten *the darkest shadow*

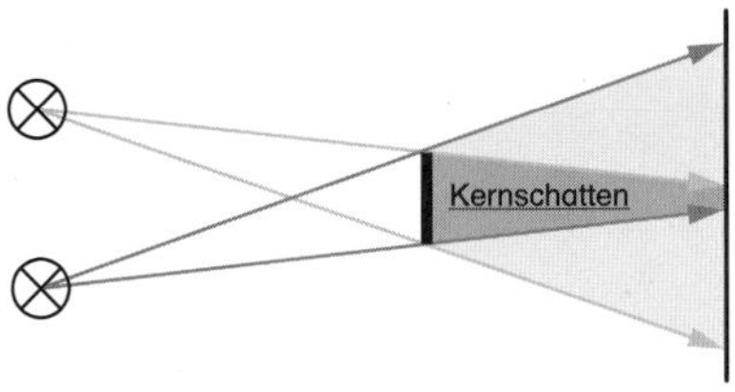

Kernschatten

Schatten		
		der Schatten die Schatten *the shadow*

Schatten		
	undurchsichtig *opaque*	

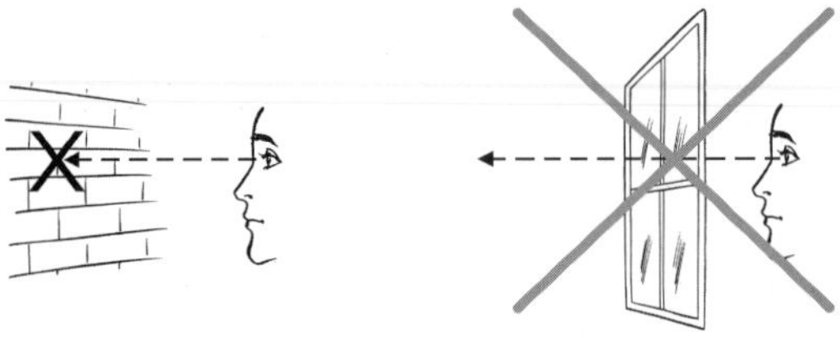

1. Schreibe die richtigen Wörter in die Kästchen:

Gegenstand, Schatten, Lichtquelle

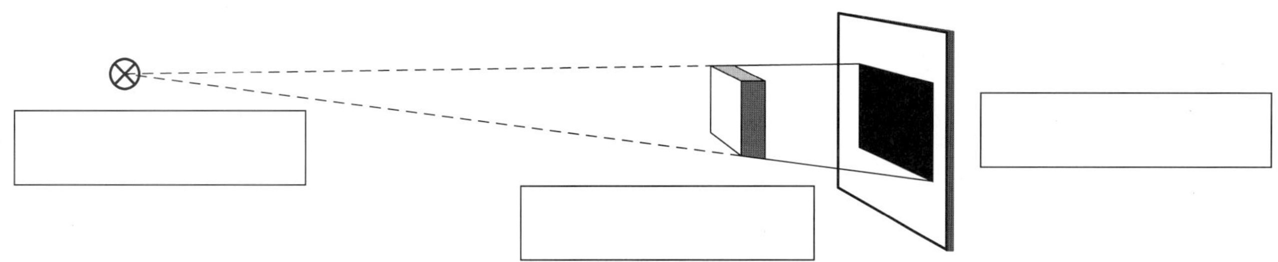

2. Versuch:

- Frage: Wie groß ist der Schatten?
- Material:

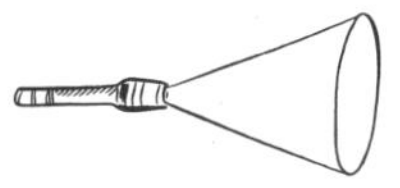
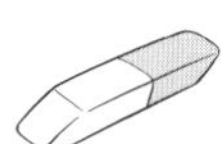

Lichtquelle   Gegenstand   Wand

- Aufbau und Durchführung:

a) Stelle den Gegenstand nah an die Lampe.	**b)** Stelle den Gegenstand nah an die Wand.
	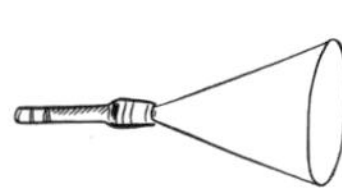 

- Beobachte die Größe des Schattens.
- Ergebnis: Wie groß ist der Schatten? Kreuze (→ ankreuzen) an.

a) Der Schatten ist
- ☐ größer (→ groß).
- ☐ gleich groß.
- ☐ kleiner (→ klein).

b) Der Schatten ist
- ☐ größer.
- ☐ gleich groß.
- ☐ kleiner.

Schatten

1. Schreibe die richtigen Wörter in die Kästchen:

Gegenstand, Schatten, undurchsichtig, kein Licht, Lichtquelle

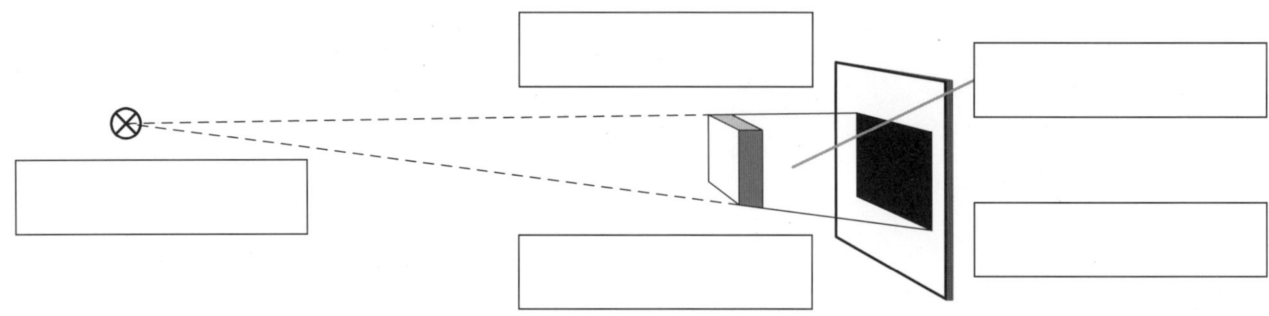

2. a) Beschrifte das Bild mit den richtigen Wörtern:

Halbschatten, Halbschatten, Kernschatten

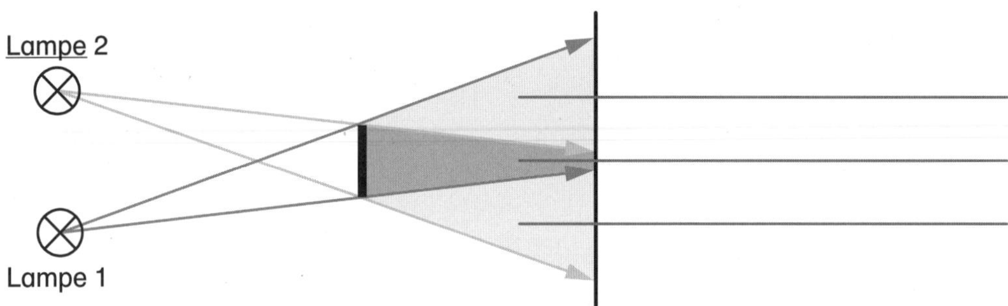

b) Schneide (→ ausschneiden) die Kästchen unten (↓) aus.

c) Ordne (→ zuordnen) die Kästchen dem Bild richtig zu. Klebe die Kästchen fest.

Der Gegenstand ist undurchsichtig.	Nur Licht von Lampe 1.	Kein Licht von Lampe 1 und kein Licht von Lampe 2.
Nur Licht von Lampe 2.	Der Schatten ist dunkel.	Der Schatten ist heller (→ hell).

Schatten

1.

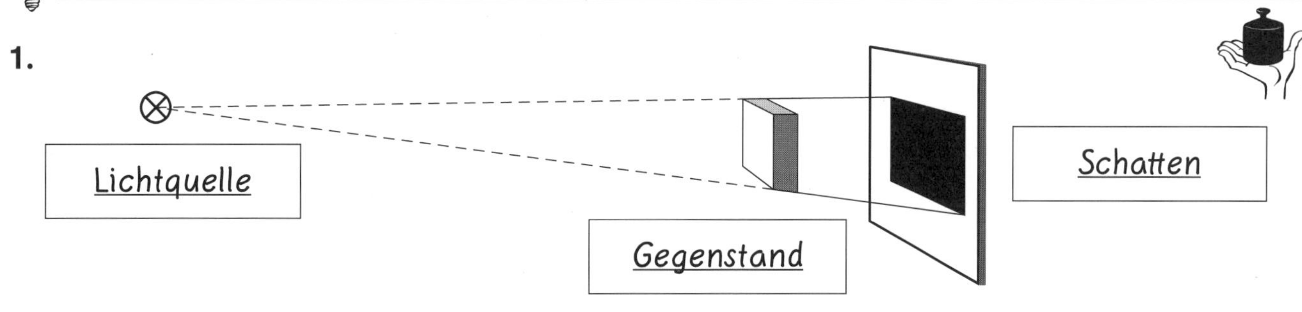

2. a) Der Schatten ist
- [x] größer (→ groß).
- [ ] gleich groß.
- [ ] kleiner (→ klein).

b) Der Schatten ist
- [ ] größer.
- [ ] gleich groß.
- [x] kleiner.

1.

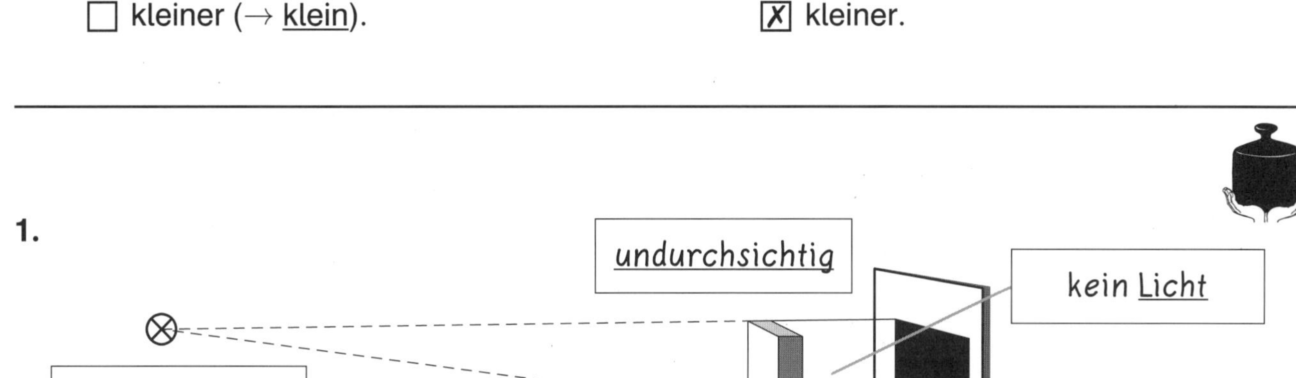

2.

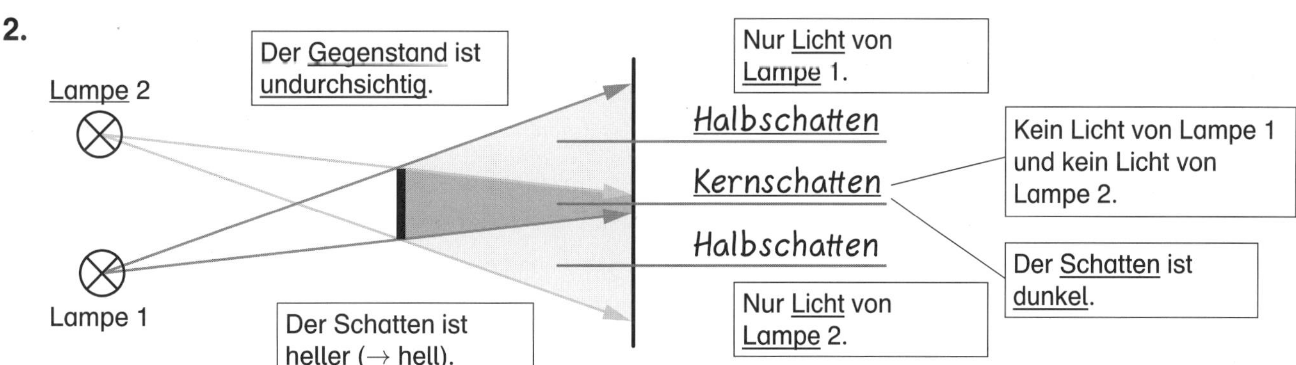

Reflexion

Reflexion

reflektieren reflektiere! *to reflect*	**reflektiert** *reflected*	**die Reflexion** die Reflexionen *the reflection*

Reflexion

		der Spiegel die Spiegel *the mirror*

Reflexion

		das Spiegelbild die Spiegelbilder *the mirror image*

Spiegelbild

1. Verbinde die Sätze mit den richtigen Bildern.

Der Spiegel reflektiert das Licht.

Der Spiegel kehrt (→ umkehren) vorne und hinten um.

Spiegelbild und Gegenstand sind gleich groß.

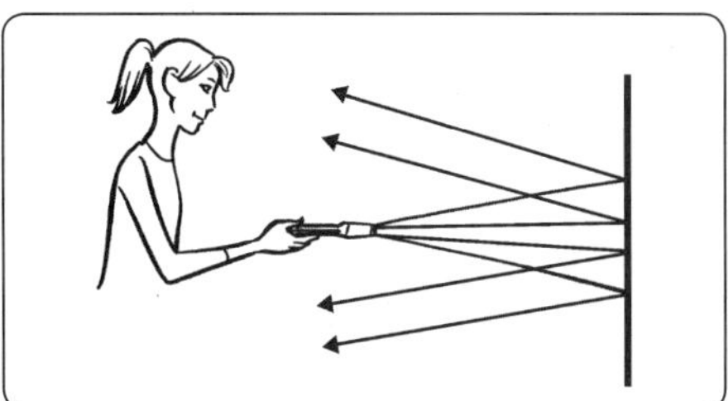

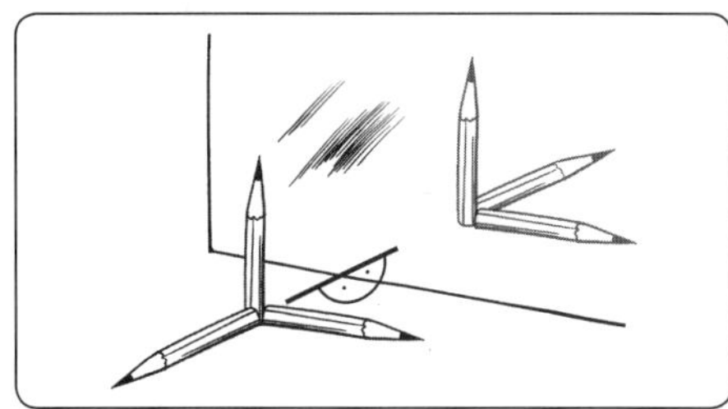

Das Reflexionsgesetz

2. a) Schreibe die richtigen Wörter in die Kästchen:

Lot, Einfallswinkel, Reflexionswinkel, reflektierter Lichtstrahl, einfallender Lichtstrahl

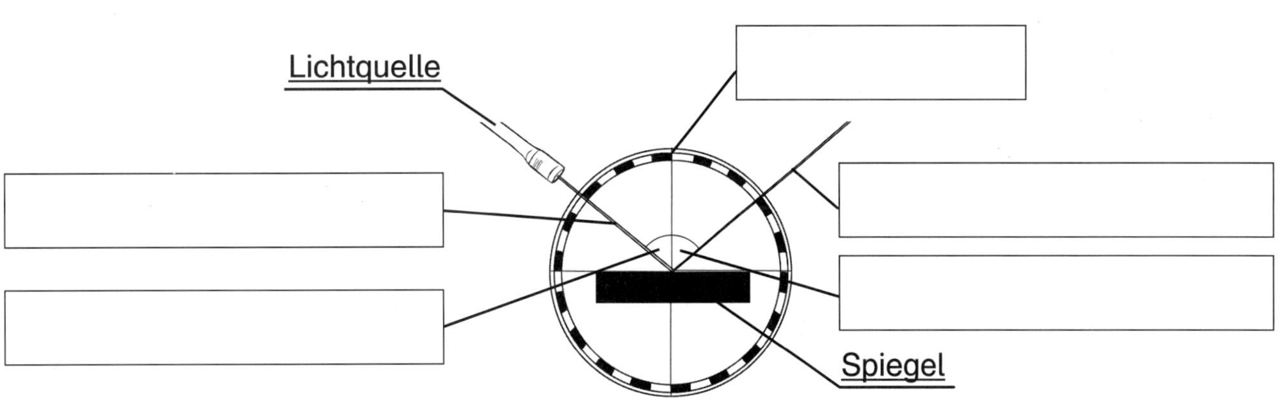

b) Sieh (→ sehen) dir das Bild an. Welche Sätze sind richtig? Kreuze (→ ankreuzen) an.

- ☐ Der Einfallswinkel ist 50°.
- ☐ Der Einfallswinkel ist 40°.
- ☐ Der Reflexionswinkel ist größer (→ groß) als der Einfallswinkel.
- ☐ Der Einfallswinkel und der Reflexionswinkel sind gleich groß.

Reflexion

1. Versuch: Das Reflexionsgesetz

- Frage: Wie wird Licht am Spiegel reflektiert?

  Material:

  Lampe

  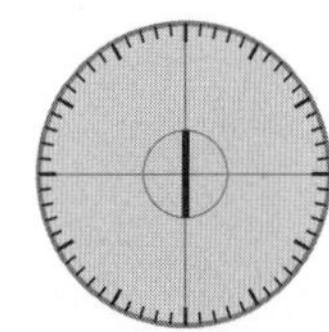
  optische Scheibe

  Spiegel

- Aufbau und Durchführung:

  a) Sieh (→ sehen) dir das Bild an.

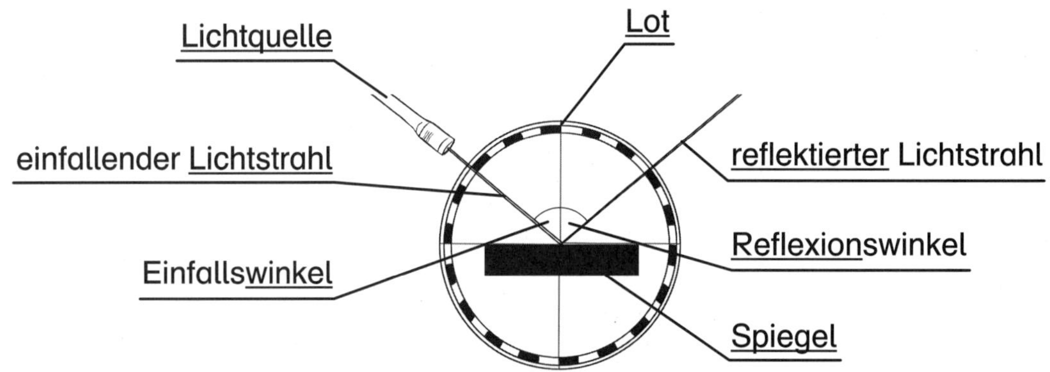

  b) Baue (→ aufbauen) den Versuch auf.
  c) Miss (→ messen) den Reflexionswinkel.

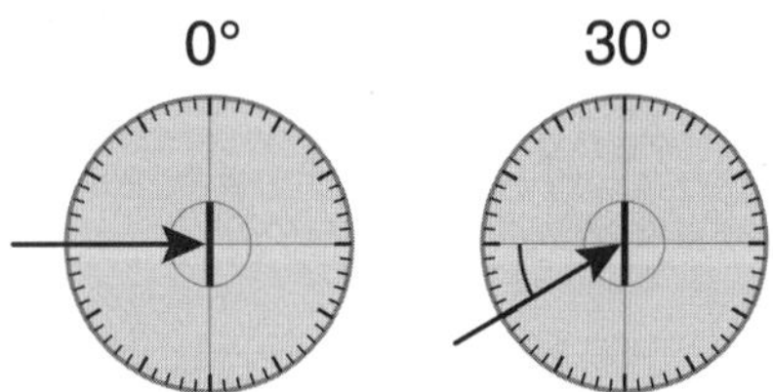

- Beobachtung: Schreibe die Zahlen in die Tabelle.

Einfallswinkel	**0°**	**10°**	**20°**	**30°**	**40°**	**50°**
Reflexionswinkel						

- Ergebnis: Schreibe die richtigen Wörter in die Lücken:

  kleiner (→ klein), Spiegel, gleich groß, größer (→ groß)

  Das Licht wird am ____________________ reflektiert.

  Der Einfallswinkel und der Reflexionswinkel sind ____________________.

1. Versuch: Das Reflexionsgesetz
   - Beobachtung:

Einfallswinkel	0°	10°	20°	30°	40°	50°
Reflexionswinkel	0°	10°	20°	30°	40°	50°

   - Ergebnis:

     Das Licht wird am *Spiegel* reflektiert.

     Der Einfallswinkel und der Reflexionswinkel sind *gleich groß*.

Spiegelbild

1.

Der Spiegel reflektiert das Licht.

Der Spiegel kehrt (→ umkehren) vorne und hinten um.

Spiegelbild und Gegenstand sind gleich groß.

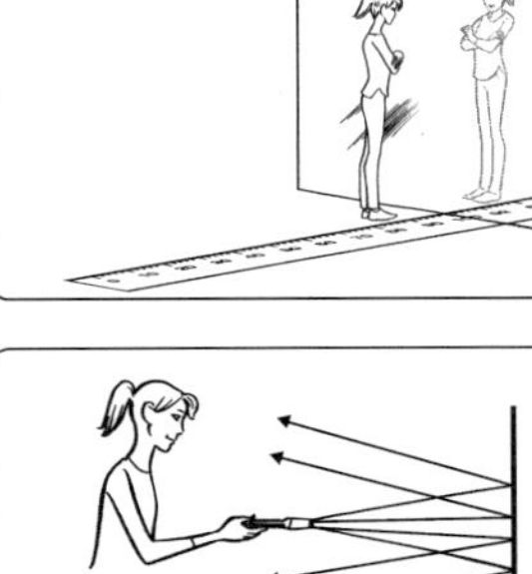

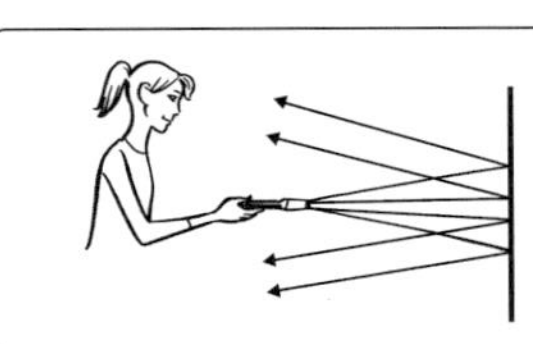

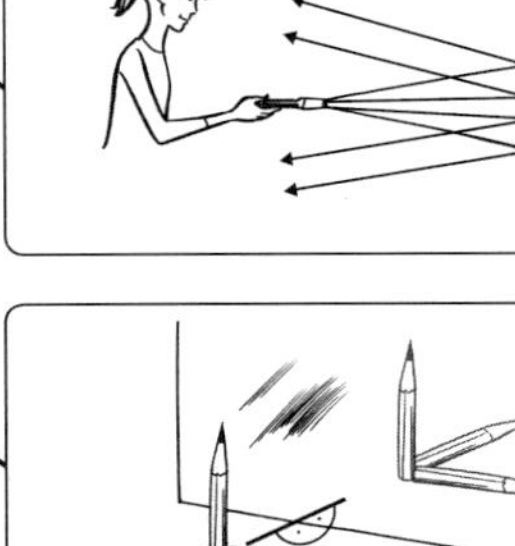

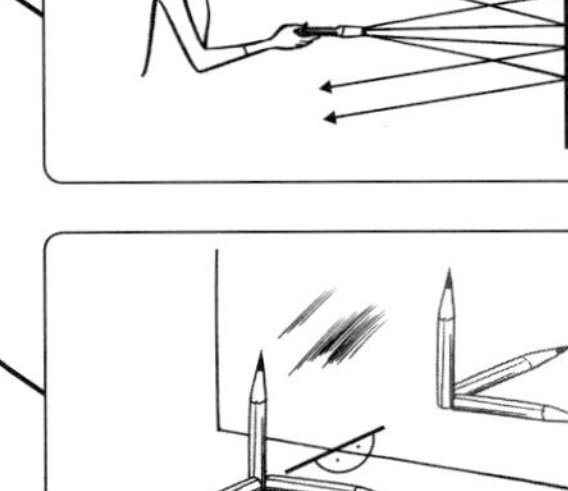

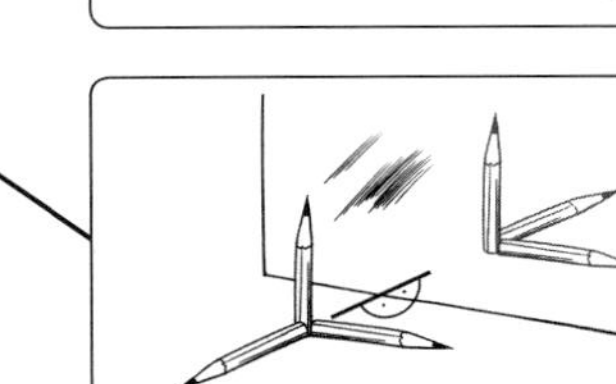

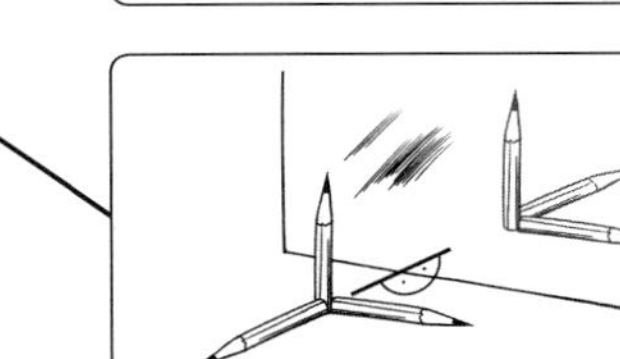

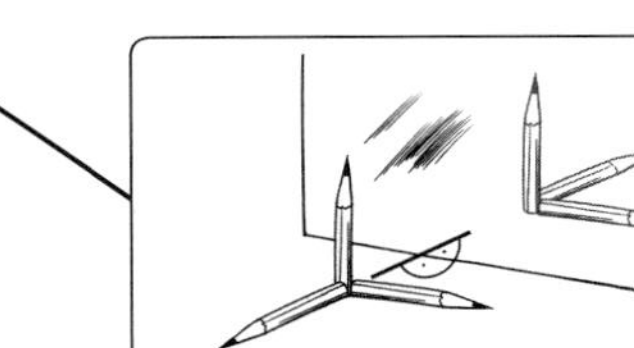

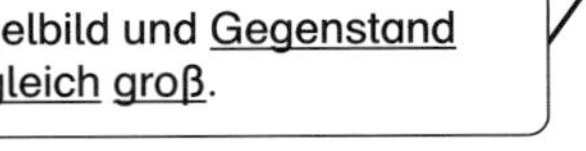

Das Reflexionsgesetz

2. a)

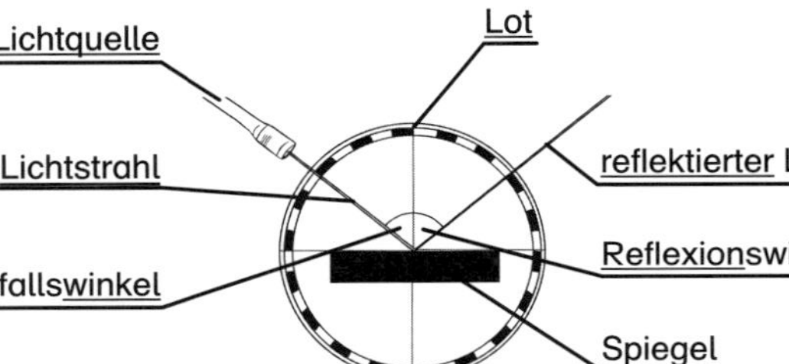

b)
- [x] Der Einfallswinkel ist 50°.
- [ ] Der Einfallswinkel ist 40°.
- [ ] Der Reflexionswinkel ist größer (→ groß) als der Einfallswinkel.
- [x] Der Einfallswinkel und der Reflexionswinkel sind gleich groß.

Lichtbrechung

Lichtbrechung		
		das Glas die Gläser *the glass*

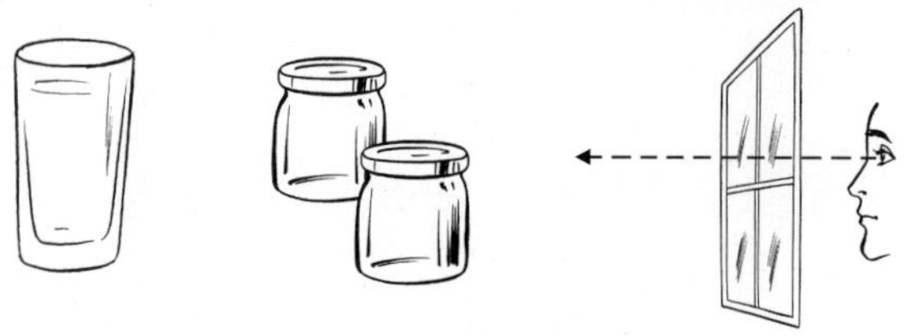

Lichtbrechung		
		die Grenze die Grenzen *the border*

Lichtbrechung

1. a) Sieh (→ sehen) dir das Bild an. Schreibe die richtigen Wörter in die Kästchen:
gebrochener Lichtstrahl – Brechungswinkel – Luft – einfallender Lichtstrahl – Wasser – Einfallswinkel

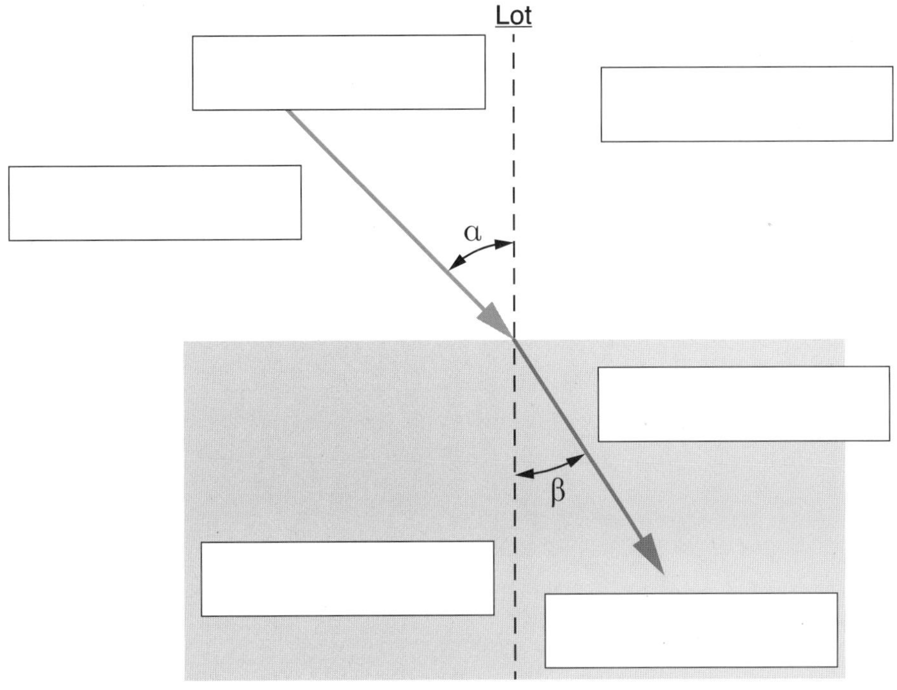

b) Sieh (→ sehen) dir das Bild an. Schreibe die richtigen Wörter in die Lücken:
Grenze – kleiner (→ klein) – Richtung

An der ______________________ zwischen Luft und Wasser ändert das Licht seine

______________________.

Das Licht geht durch die Luft in das Wasser. Der Winkel zwischen Lichtstrahl und Lot

wird ______________________.

2. An der Grenze zwischen Luft und Glas ändert das Licht seine Richtung wie in Wasser.
Sieh (→ sehen) dir die Bilder an. Streiche (→ durchstreichen) die falschen Bilder durch.

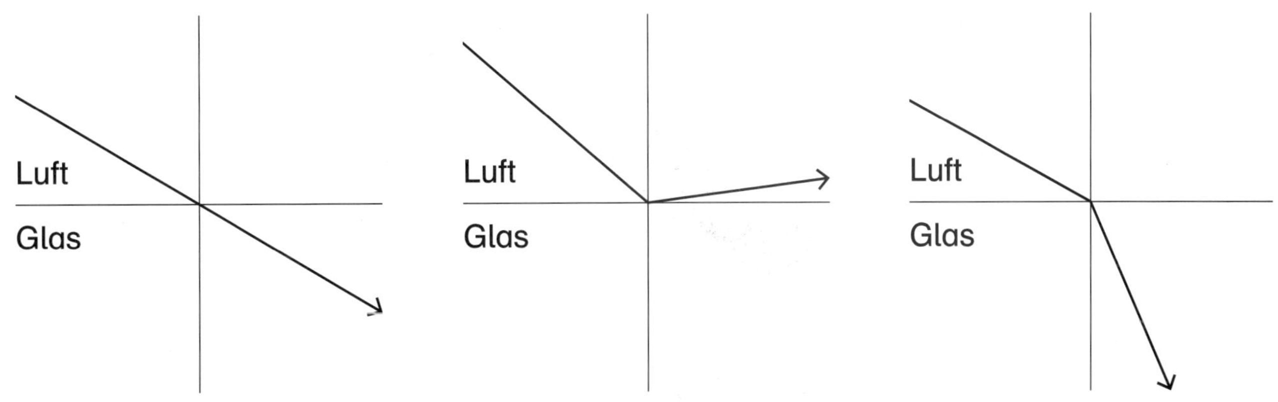

Lichtbrechung

1. Frage: Wie ändert das Licht seine Richtung?

- Material:

 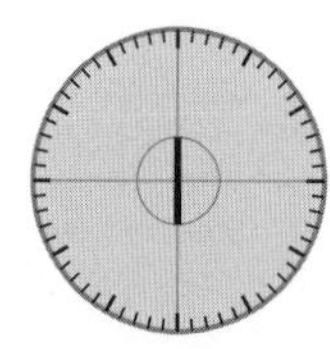 

Lichtquelle optische Scheibe Glaskörper

- Aufbau und Durchführung:

a) Beschrifte die Zeichnung mit den Wörtern: Glaskörper – Brechungswinkel β – Einfallswinkel α – Lichtquelle – Lot – einfallender Lichtstrahl – gebrochener Lichtstrahl

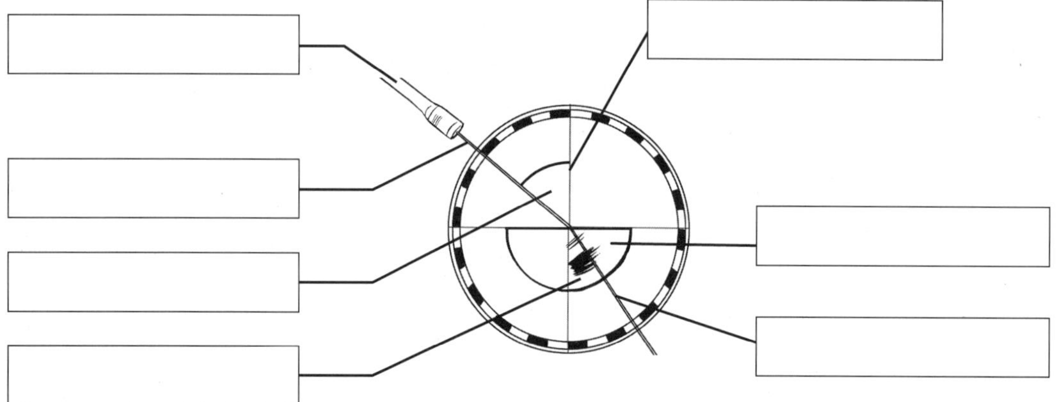

b) Sieh (→ sehen) dir das Bild an. Baue (→ aufbauen) den Versuch auf. Miss (→ messen) für verschiedene Einfallswinkel den Brechungswinkel:

- Beobachtung: Schreibe die Zahlen in die Tabelle.

Einfallswinkel α	**Brechungswinkel β**
0°	
10°	
20°	
30°	
40°	
50°	

2. Ergebnis: Schreibe die richtigen Wörter in die Lücken: Grenze – kleiner (→ klein) – Richtung – Glas

An der ______________________ zwischen Luft und Glas ändert das Licht seine ______________________.

Das Licht geht durch die Luft in das ______________________. Der Winkel zwischen Lichtstrahl und Lot wird ______________________.

1. a)

Lichtquelle

einfallender Lichtstrahl

Einfallswinkel α

Brechungswinkel β

Lot

Glaskörper

gebrochener Lichtstrahl

b) Beobachtung: Mögliche Ergebnisse:

Einfallswinkel α	**Brechungswinkel** β
0°	0°
10°	7°
20°	13°
30°	20°
40°	26°
50°	31°

2. Ergebnis:

An der *Grenze* zwischen Luft und Glas ändert das Licht seine *Richtung*.

Das Licht geht durch die Luft in das *Glas*. Der Winkel zwischen Lichtstrahl und Lot wird *kleiner*.

1. a)

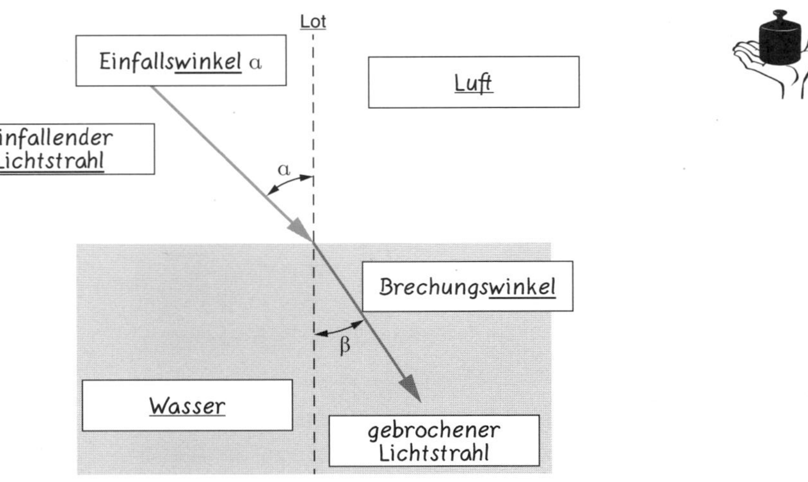

b) An der *Grenze* zwischen Luft und Wasser ändert das Licht seine *Richtung*.

Das Licht geht durch die Luft in das Wasser. Der Winkel zwischen Lichtstrahl und Lot wird *kleiner*.

2.

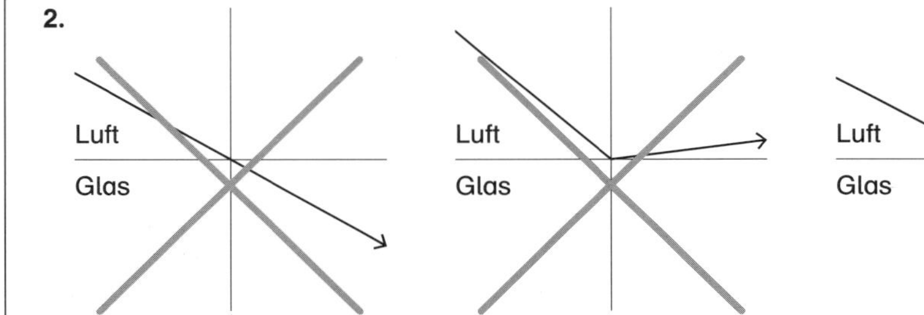

Sehen

Sehen		
		die Linse die Linsen *the lens*

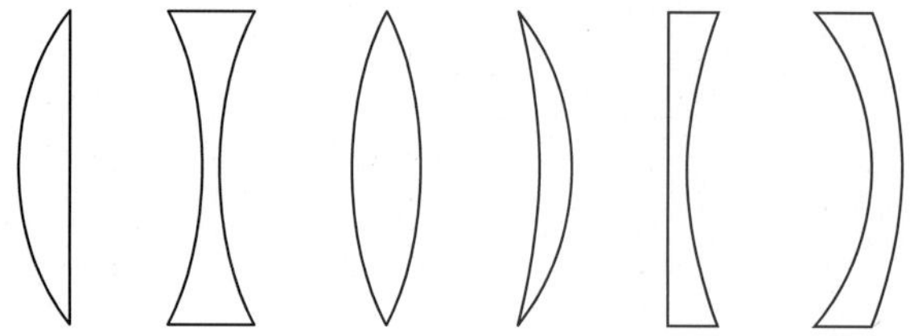

Sehen		
		die Sammellinse die Sammellinsen *the converging lens*

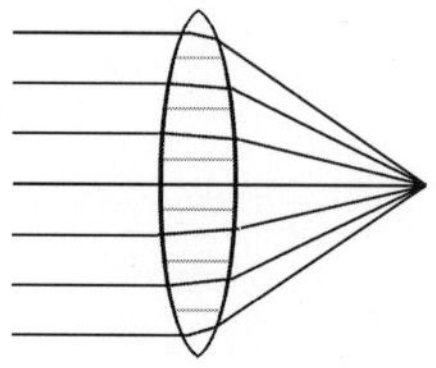

Sehen		
		die Zerstreuungslinse die Zerstreuungslinsen *the diverging lens*

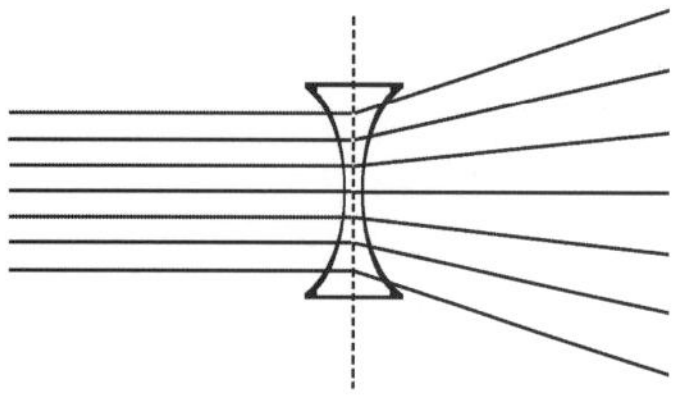

1. Wie sehen wir? Kreuze (→ ankreuzen) das richtige Bild an.

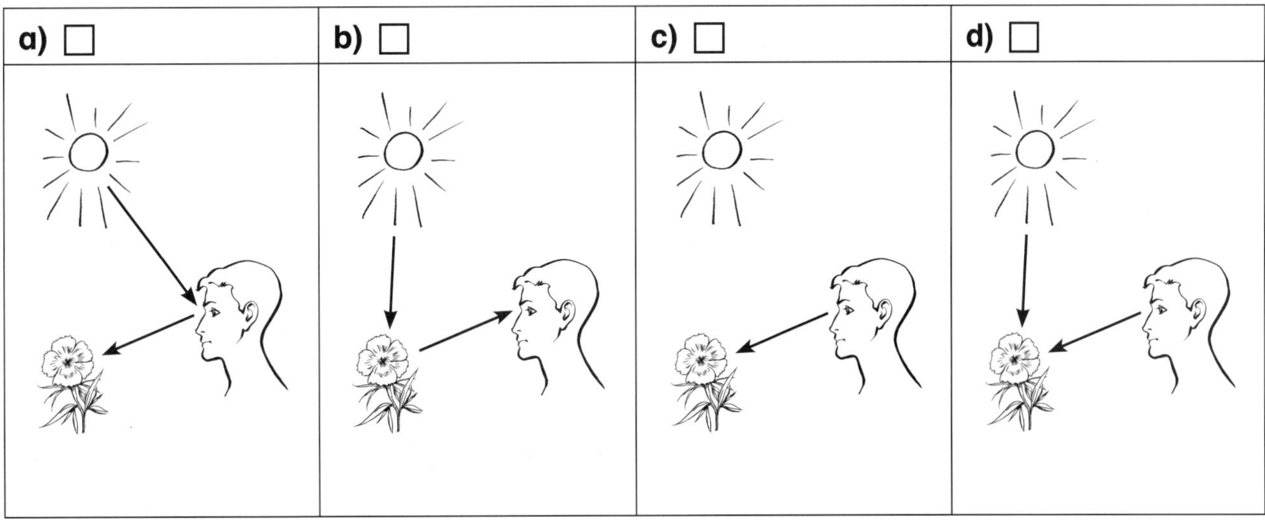

2. Beschrifte das Bild mit den Wörtern:

Linse, Iris, Netzhaut,
Bild, Pupille, Sehnerv

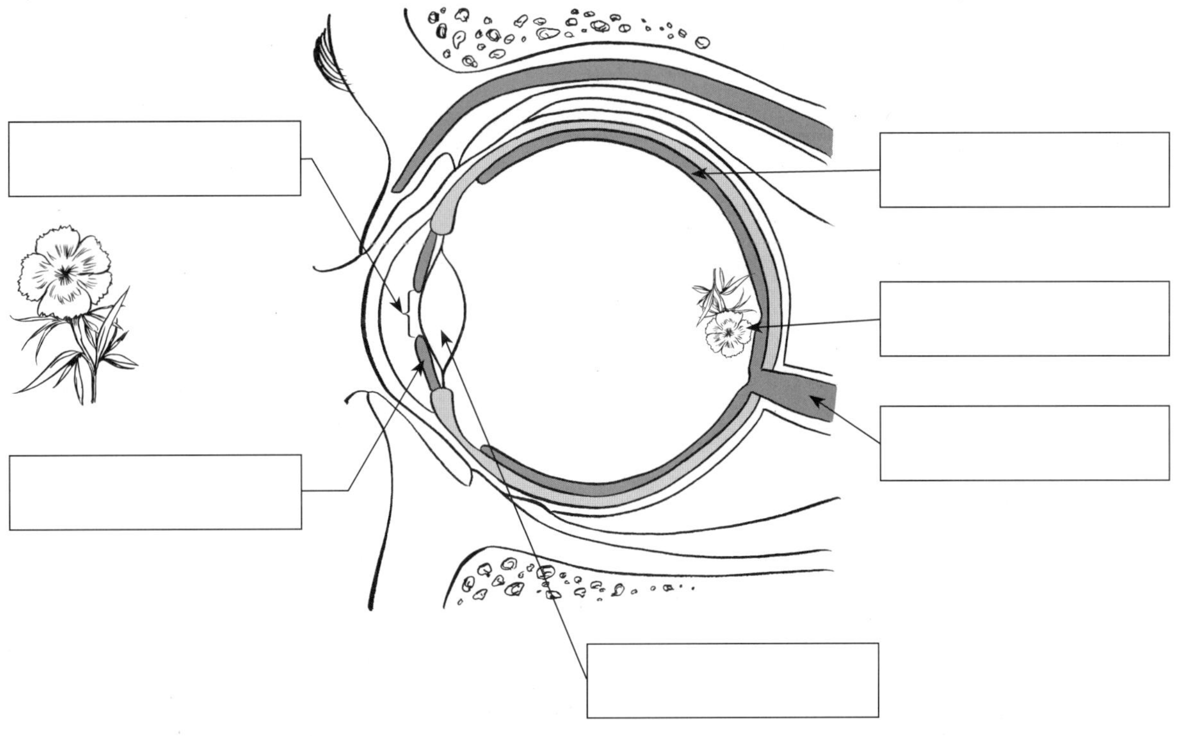

Sehen

1. Wie sehen wir? Zeichne den Weg des Lichts mit 2 Pfeilen (→) ein.

2. Beschrifte die Bilder mit den richtigen Wörtern: Zerstreuungslinse, Sammellinse

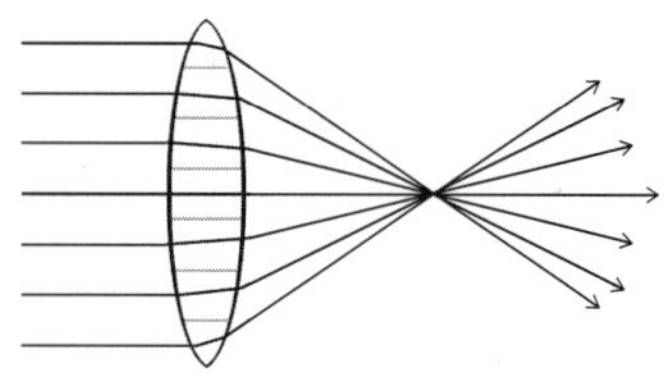

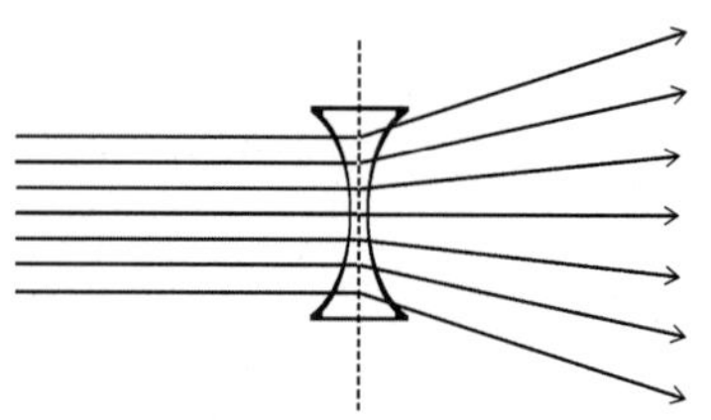

______________________ ______________________

3. Beschrifte das Bild mit den Wörtern:

Linse, Iris, Netzhaut,
Bild, Pupille, Sehnerv

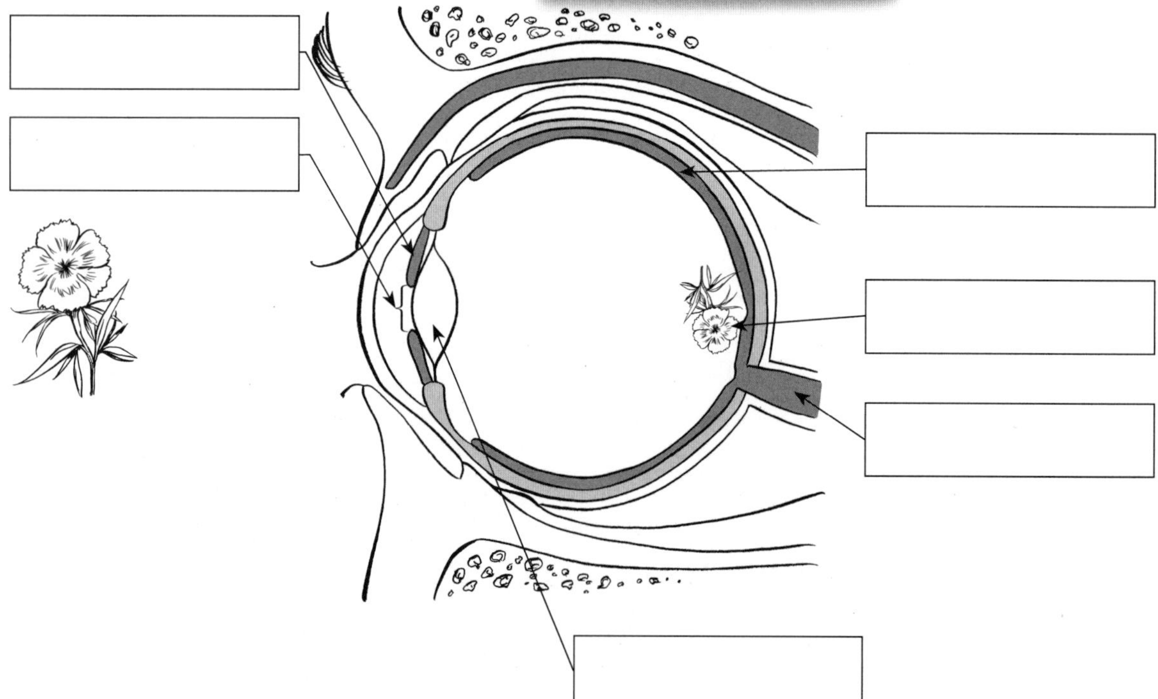

4. Welche Linse ist im Auge?
Streiche (→ durchstreichen) das falsche Wort durch.

Im Auge ist eine Sammellinse/Zerstreuungslinse.

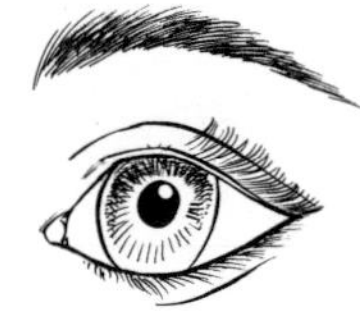

1.

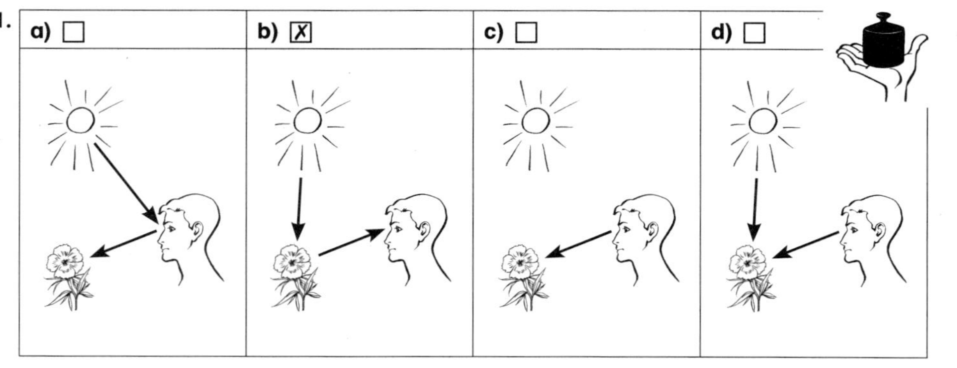

2.

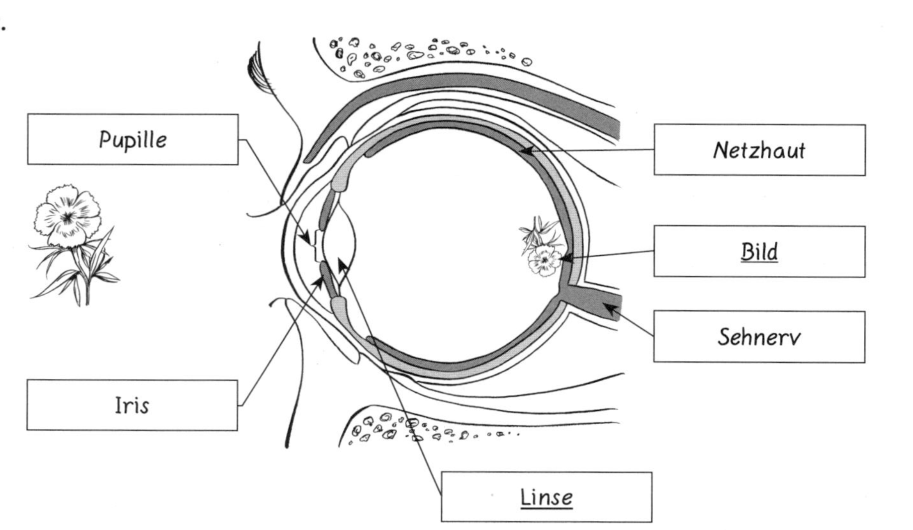

1.

2.

3.

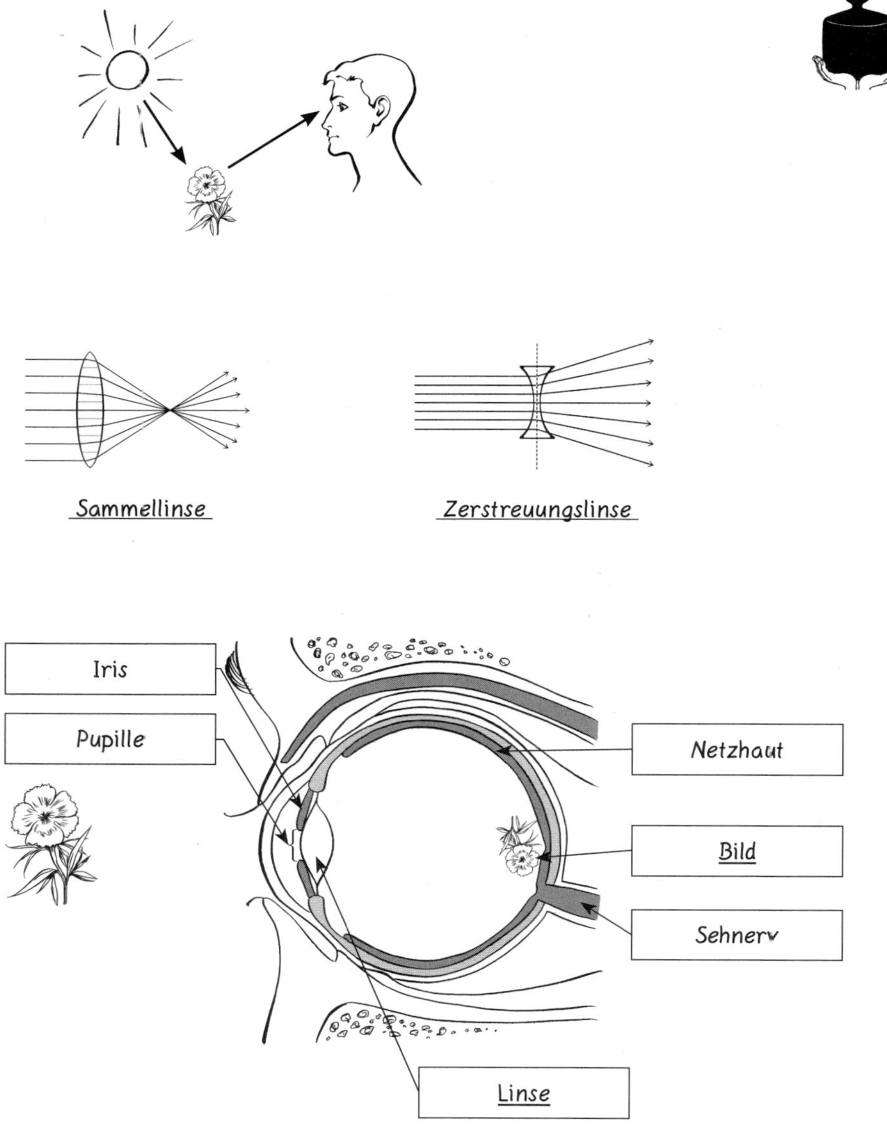

4. Im Auge ist eine Sammellinse/~~Zerstreuungslinse~~.

Wärmeausbreitung

Wärmeausbreitung

		das Bügeleisen die Bügeleisen *the flat iron*

Wärmeausbreitung

		der Handschuh die Handschuhe *the glove*

Wärmeausbreitung

		die Heizung die Heizungen *the heating*

Wärmeausbreitung

		die Konvektion die Konvektionen *the convection*

Wärmeausbreitung

		die Mütze die Mützen *the cap*

Wärmeausbreitung

		die Wärmeleitung die Wärmeleitungen *the heat conduction*

Wärmeausbreitung

		die Wärmequelle die Wärmequellen *the heat source*

Wärmeausbreitung

		die Wärmestrahlung die Wärmestrahlungen *the heat radiation*

Wärmeausbreitung

1. Wie breitet (→ ausbreiten) sich die Wärme aus? Sieh (→ sehen) dir die Bilder an. Beschrifte die Bilder mit den richtigen Wörtern:

Konvektion, Wärmeleitung, Wärmestrahlung, Konvektion, Konvektion, Wärmestrahlung, Wärmeleitung, Wärmestrahlung

Warmluft steigt auf

kalter Seewind

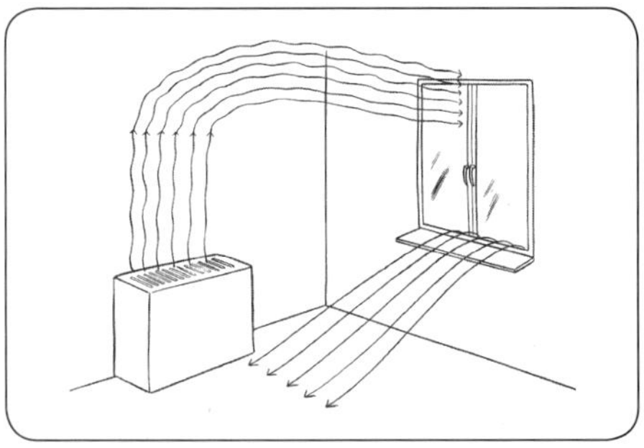

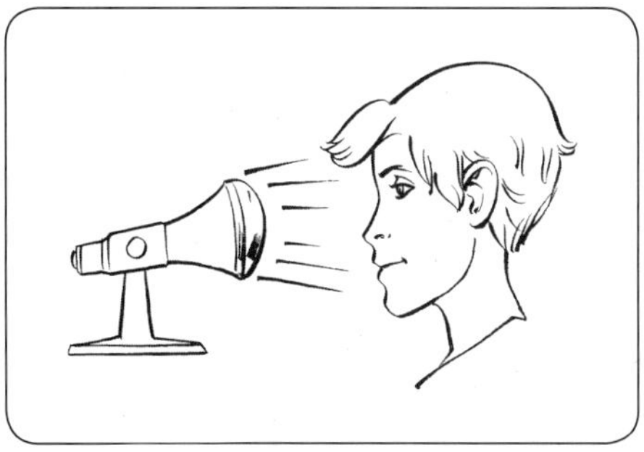

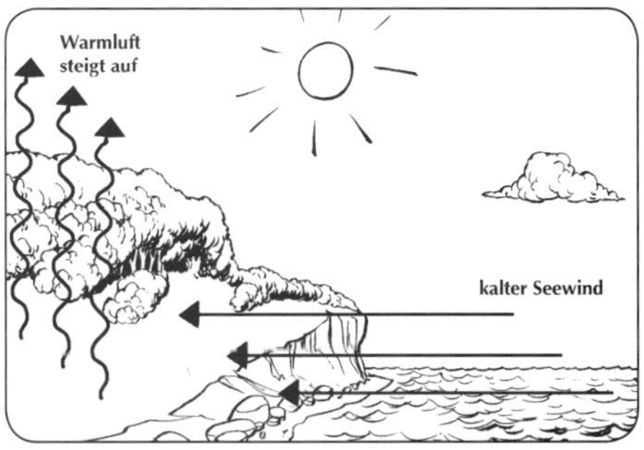

Wärmeausbreitung

1. Sieh (→ sehen) dir die Bilder an. Welche Bilder zeigen eine Wärmequelle?
Kreuze (→ ankreuzen) die richtigen Bilder an.

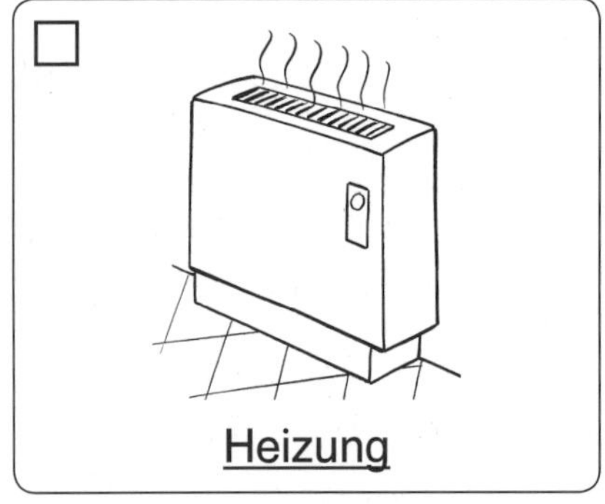

☐ Heizung

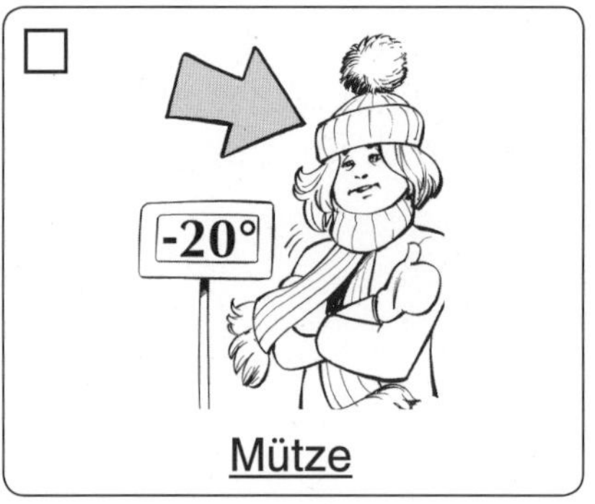

☐ Mütze

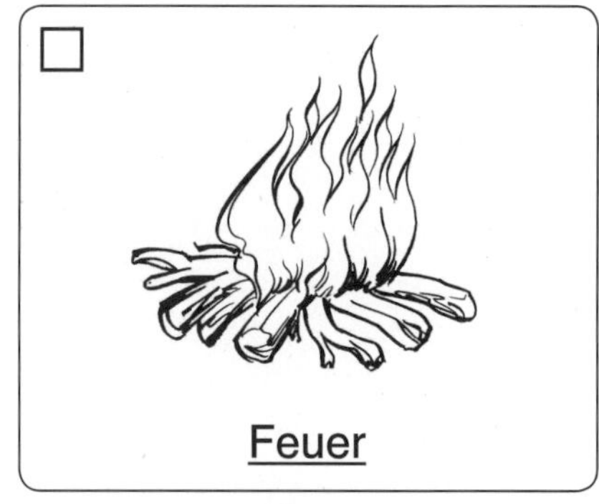

☐ Feuer

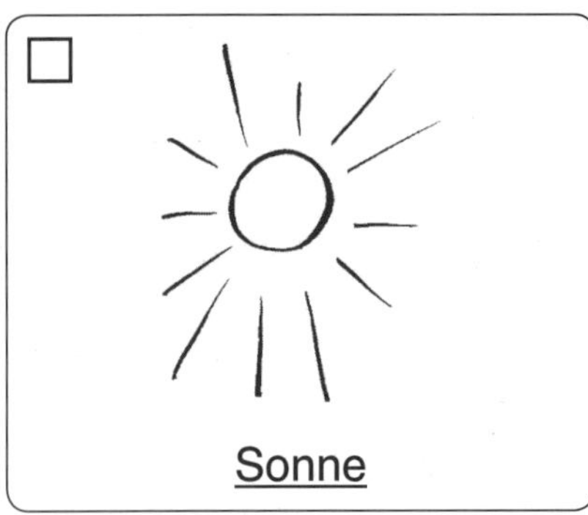

☐ Sonne

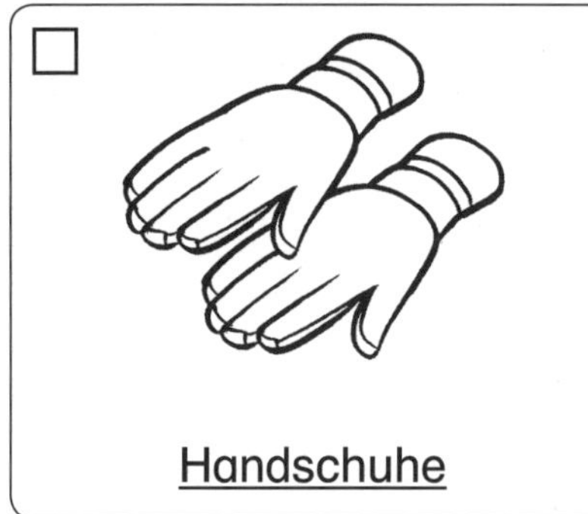

☐ Handschuhe

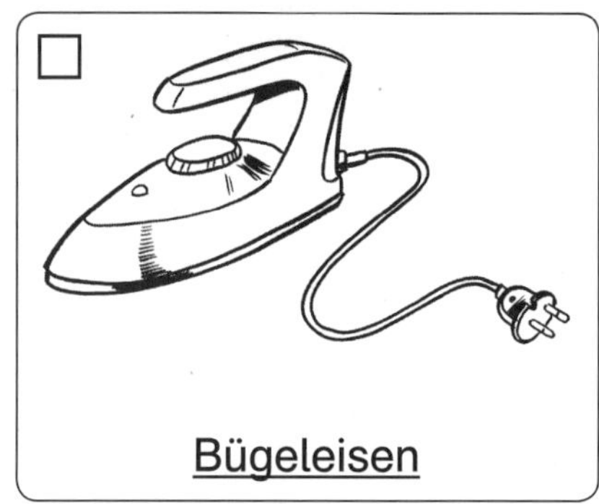

☐ Bügeleisen

2. Sieh (→ sehen) dir die Bilder an. Wie breitet (→ ausbreiten) sich die Wärme aus?
Zeichne mit Pfeilen (→) ein, in welche Richtung sich die Wärme ausbreitet.

a)

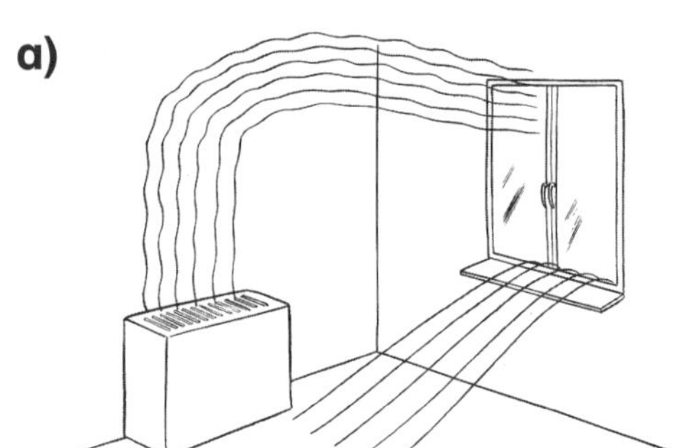

b)

c)

3. Schreibe die richtigen Wörter in die Kästchen: Konvektion – Wärmestrahlung – Wärmeleitung

1.

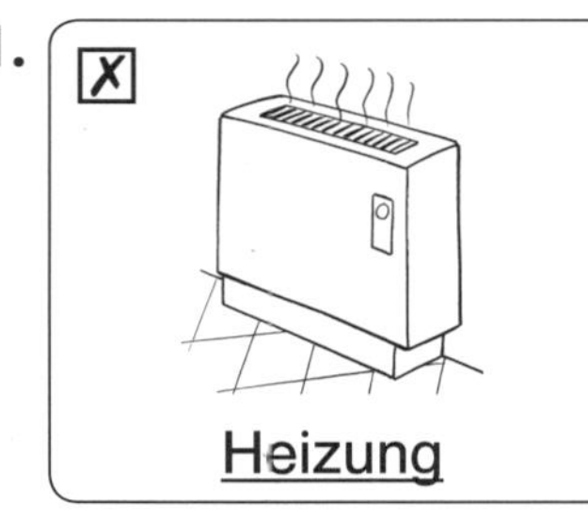

☒ Heizung

☐ Mütze

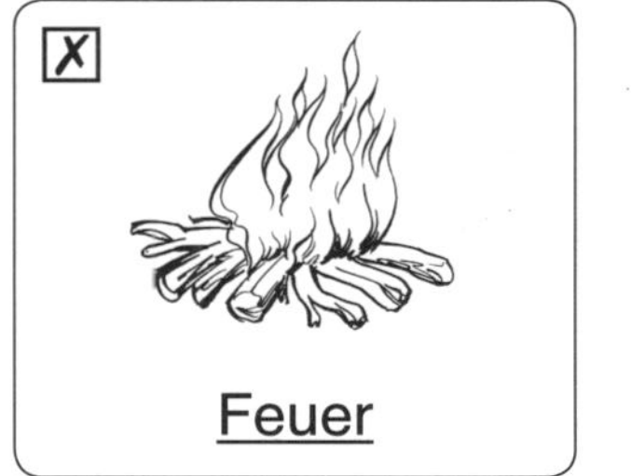

☒ Feuer

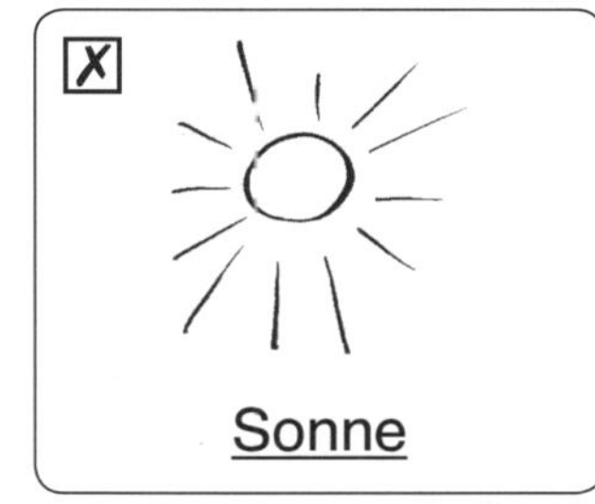

☒ Sonne

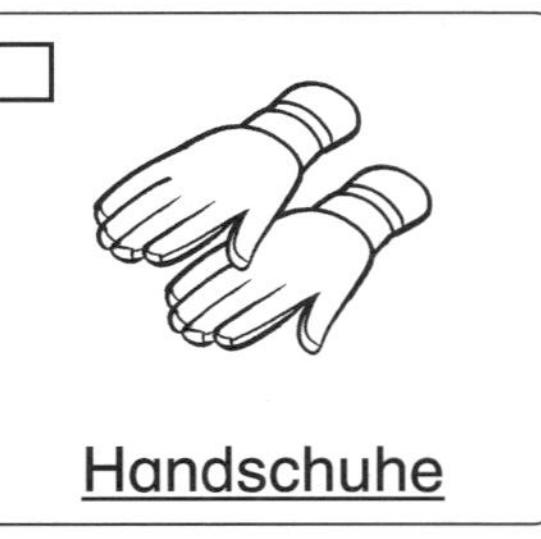

☐ Handschuhe

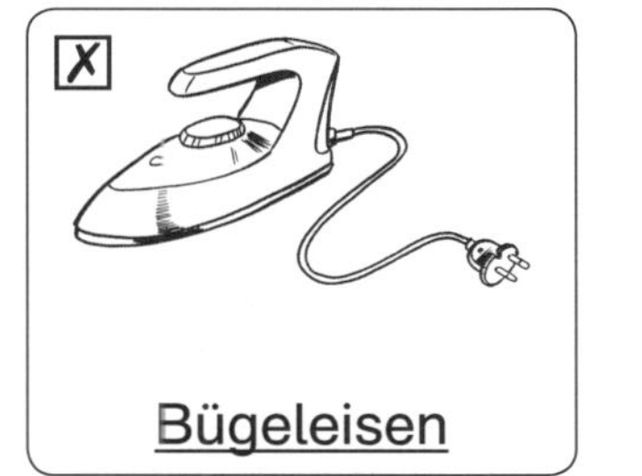

☒ Bügeleisen

2. a)

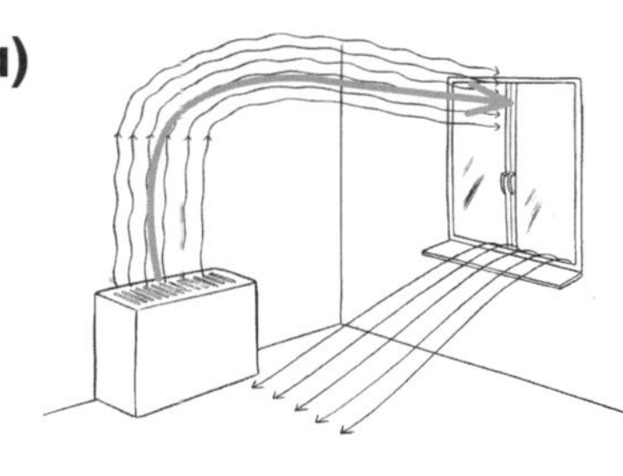

b)

c)

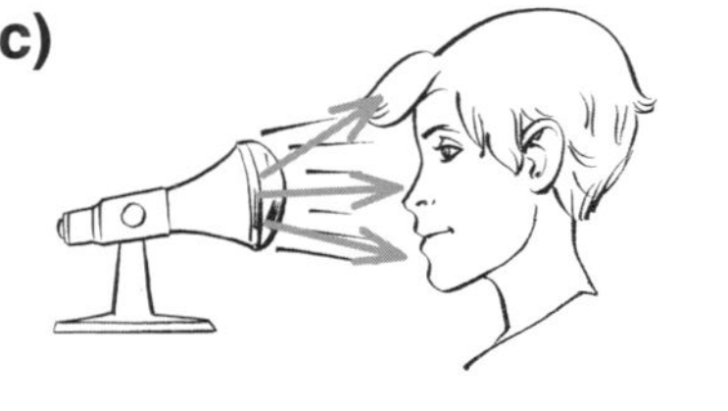

3.

Wärmestrahlung

Konvektion

Wärmeleitung

1.

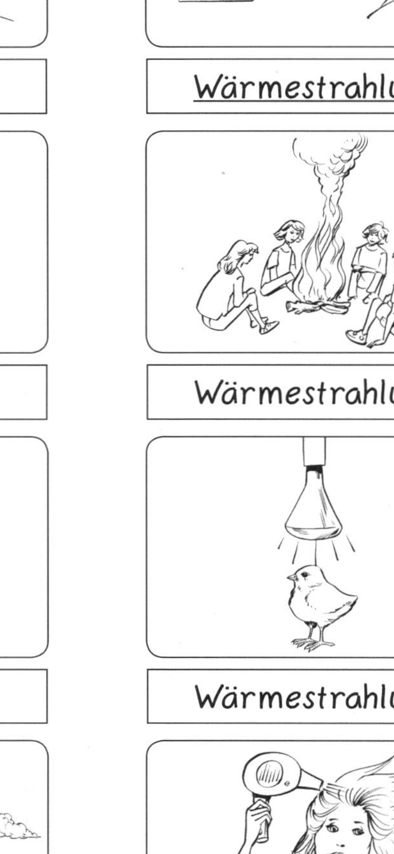

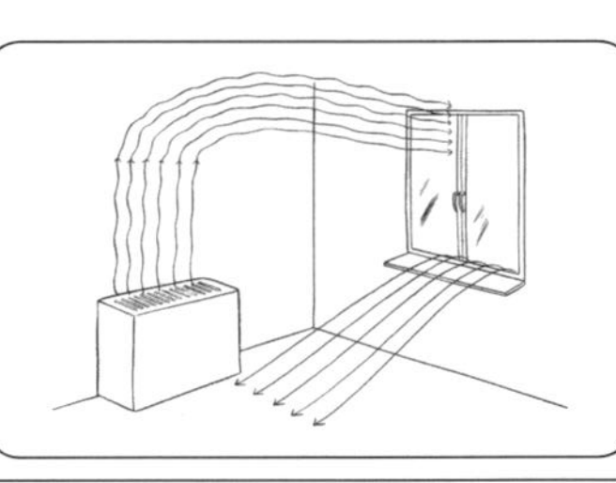

Konvektion

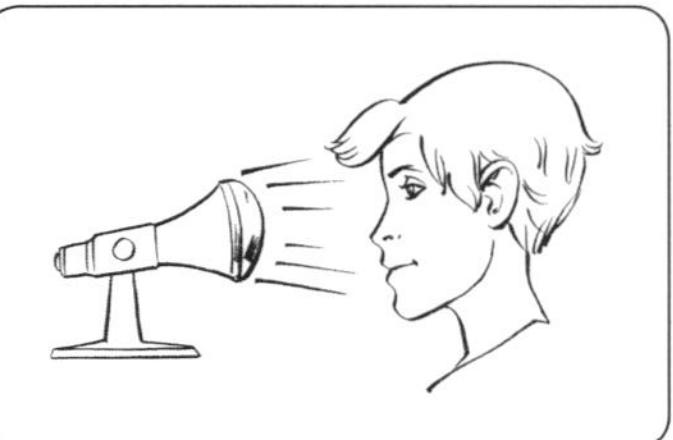

Wärmestrahlung

Wärmeleitung

Wärmestrahlung

Wärmeleitung

Wärmestrahlung

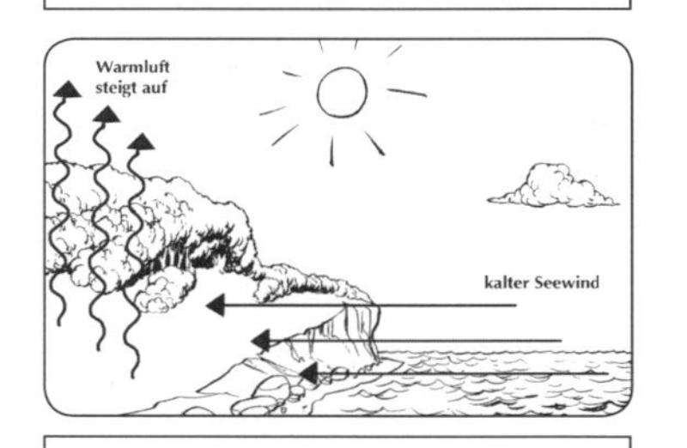

Konvektion

Konvektion

Temperatur

Temperatur		
		das Fieber – *the fever*

Temperatur		
		die Oberfläche die Oberflächen *the surface*

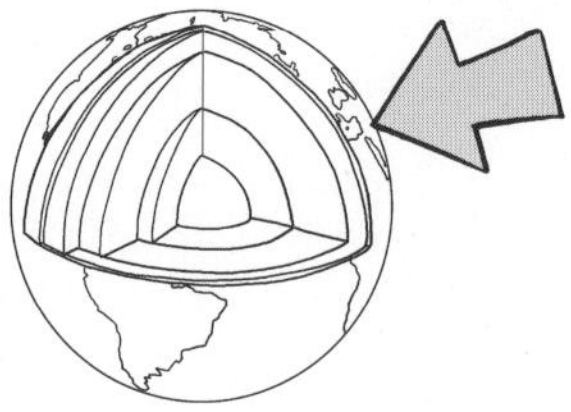

Temperatur		
		das Rohr die Rohre *the pipe*

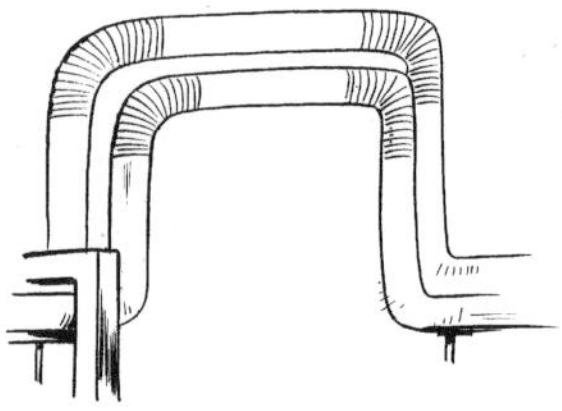

Temperatur		
		die Skala die Skalen *the scale*

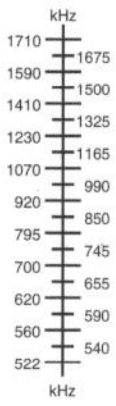

Temperatur		
		das Thermometer die Thermometer *the thermometer*

Temperatur		
		das Zimmer die Zimmer *the room*

Temperatur

1. Beschrifte das Bild mit den richtigen Wörtern: Steigrohr – Celsiusskala – Flüssigkeit – Glashülle

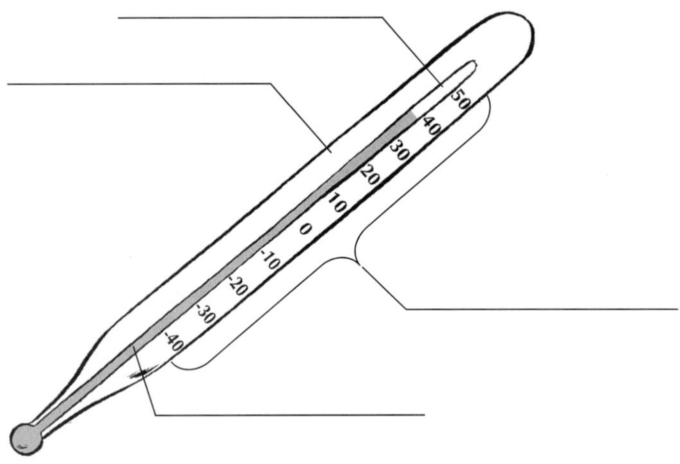

2. Markiere mit einem Buntstift die Temperaturen auf dem Thermometer.

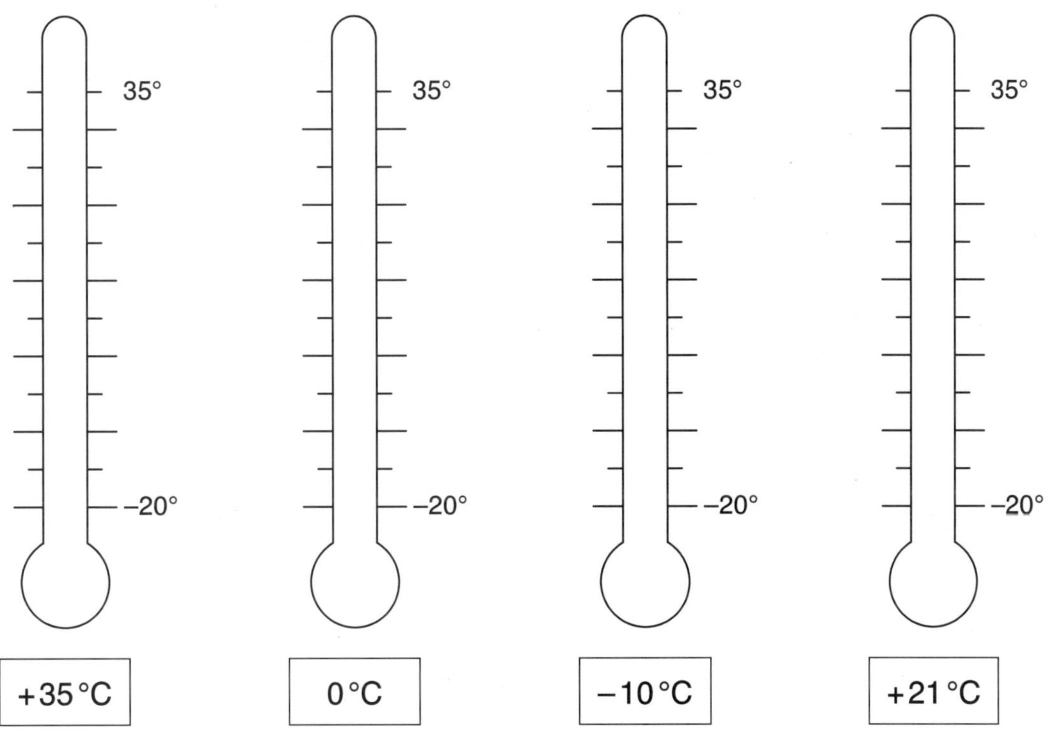

+35 °C	0 °C	–10 °C	+21 °C

3. Verbinde die Temperaturen mit den richtigen Bildern.

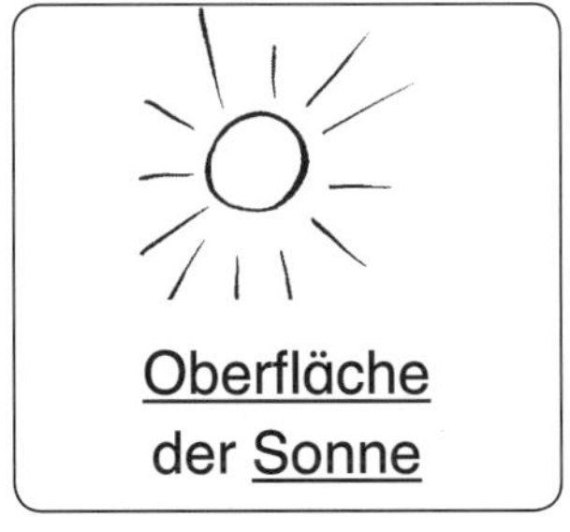
Oberfläche der Sonne

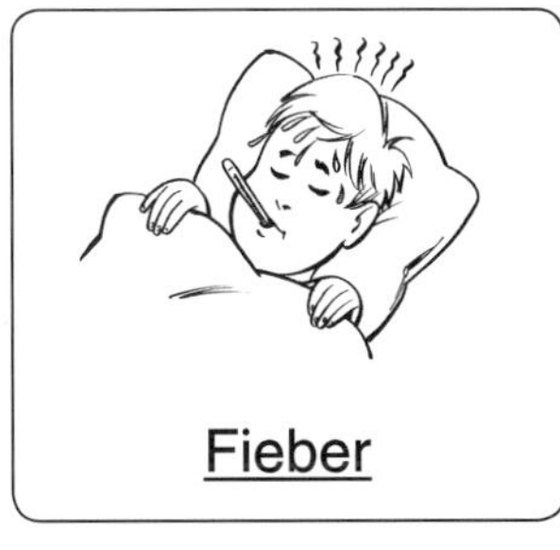
Fieber

Zimmertemperatur

Antarktis

+18 °C	–55 °C	+39 °C	+5700 °C

1.

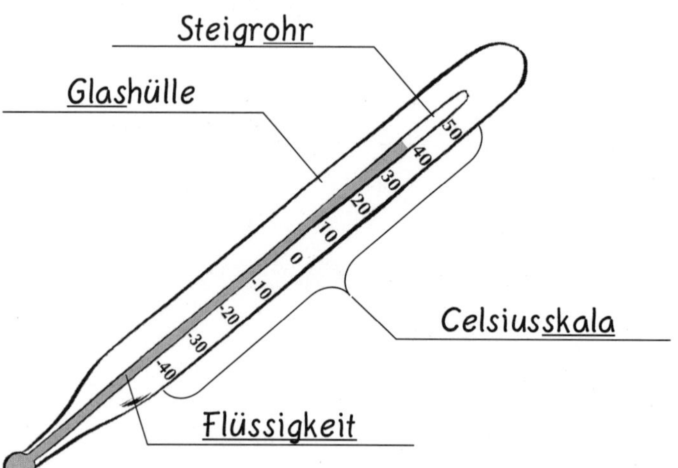

2.

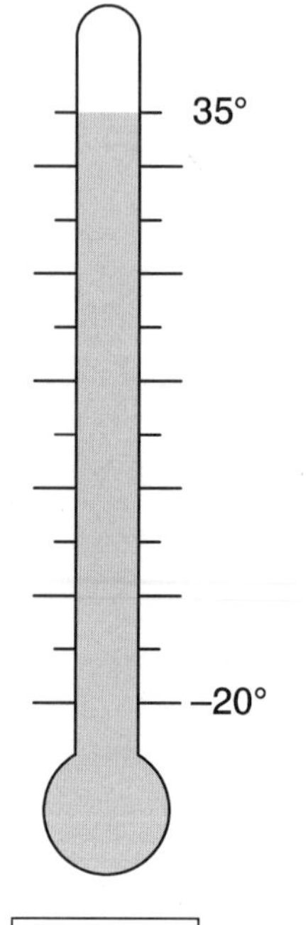

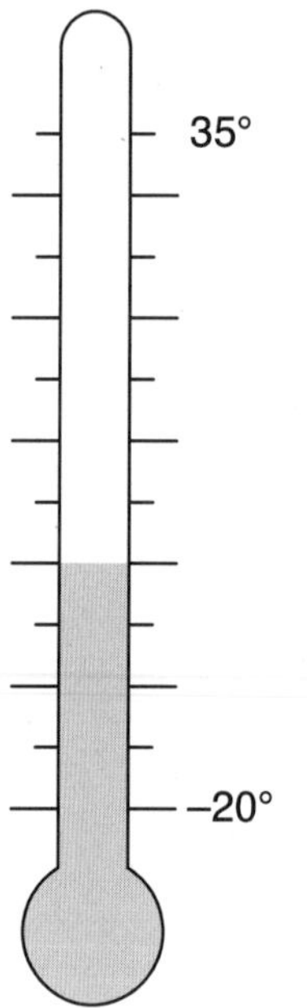

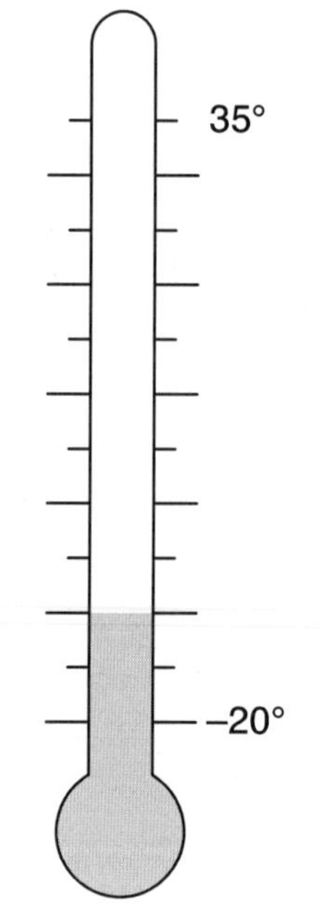

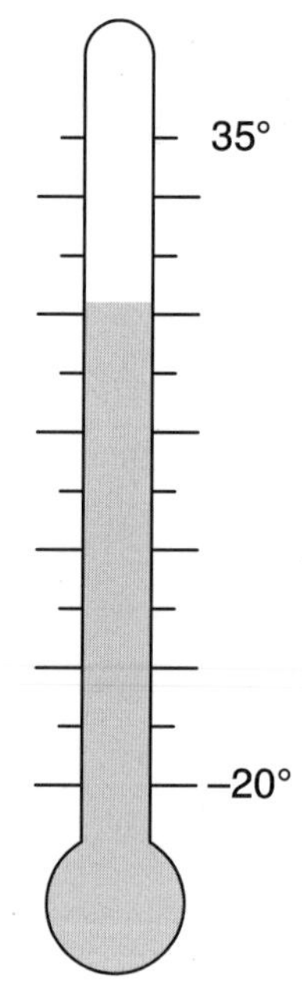

+35 °C	0 °C	−10 °C	+21 °C

3.

Oberfläche der Sonne

Fieber

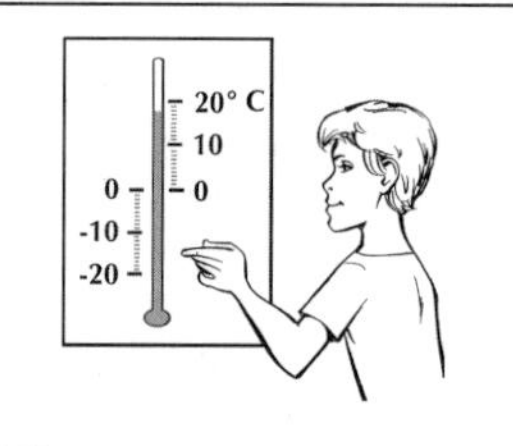

Zimmertemperatur

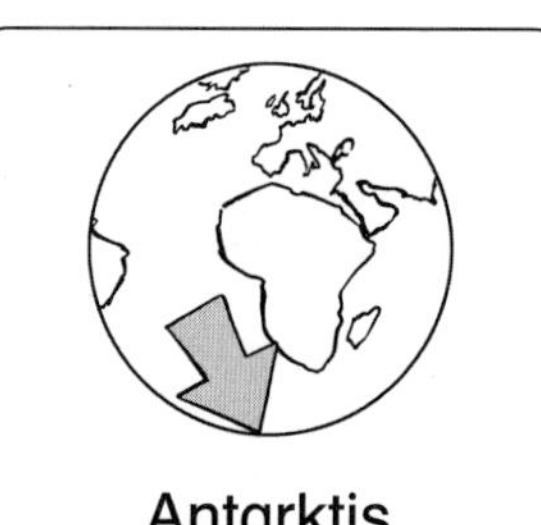

Antarktis

+18 °C	−55 °C	+39 °C	+5700 °C

Aggregatzustände

Aggregatzustände		
	gasförmig *gaseous*	**das Gas** die Gase *the gas*

Aggregatzustände		
gefrieren gefriere! *to freeze*		

Aggregatzustände		
kochen koch! *to cook*		der Koch die Köche *the cook*

Aggregatzustände		
kondensieren kondensiere! *to condense*		die Kondensation die Kondensationen *the condensation*

Aggregatzustände		
		die Pfütze die Pfützen *the puddle*

Aggregatzustände		
resublimieren resublimiere! *to desublimate*		die Resublimation – *the desublimation*

Aggregatzustände		
schmelzen schmilz! *to melt*		

Aggregatzustände		
sinken sinke! *to drop*		

Aggregatzustände		
		der Sommer die Sommer *the summer*

Aggregatzustände		
verdampfen verdampfe! *to evaporate*		der Dampf die Dämpfe *the steam*

Aggregatzustände

1. Beschrifte das Bild mit den richtigen Wörtern: flüssig – fest – gasförmig.
2. Markiere die Pfeile (→) mit Farbe:
   - Rot: Die Temperatur steigt (↗).
   - Blau: Die Temperatur sinkt (↘).

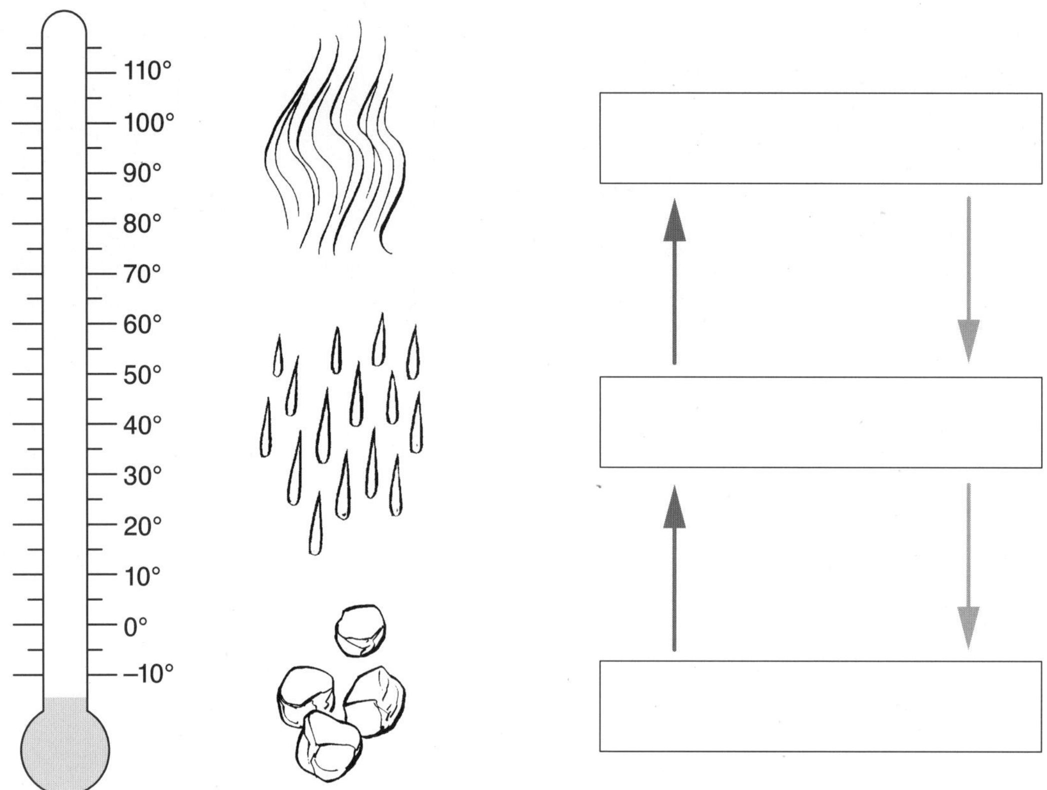

3. Schreibe die richtigen Wörter in die Lücken: fest, gasförmig, schmilzt (→ schmelzen), gefriert, flüssig

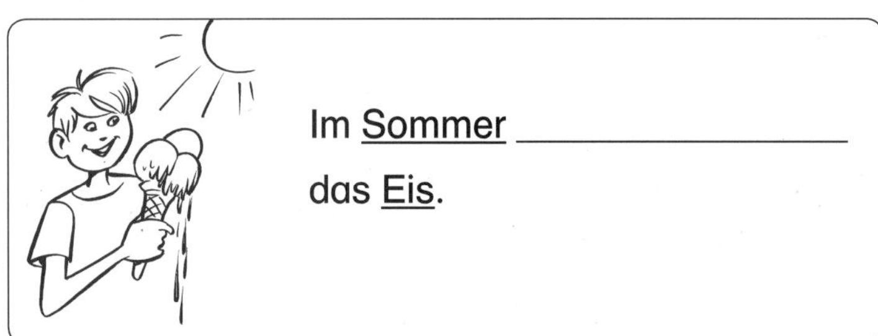

Im Sommer ________________ das Eis.

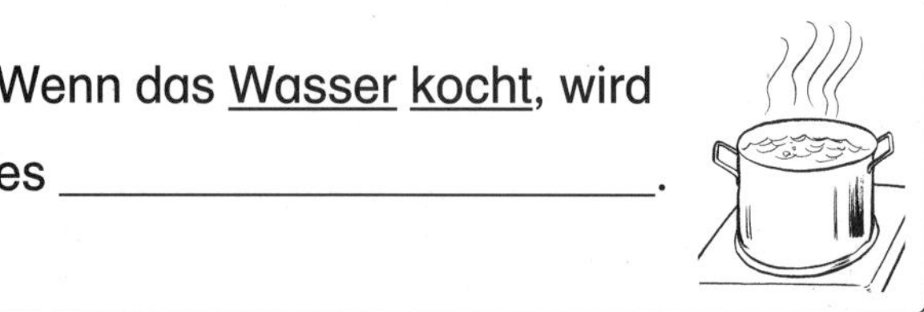

Wenn das Wasser kocht, wird es ______________________.

Das Wasser in der Pfütze ist _________.
Im Winter ______________________________
das Wasser zu Eis. Das Eis ist ____________.

Aggregatzustände

1. Schneide (→ ausschneiden) die Bilder rechts aus.
2. Ordne (→ zuordnen) die Bilder richtig zu. Klebe die Bilder fest.
3. Schreibe die richtigen Wörter in die Kästchen: schmelzen – gefrieren – verdampfen – kondensieren – sublimieren – resublimieren
4. Markiere die Pfeile (→) mit Farbe.
   - Rot: Die Temperatur steigt.
   - Blau: Die Temperatur sinkt.

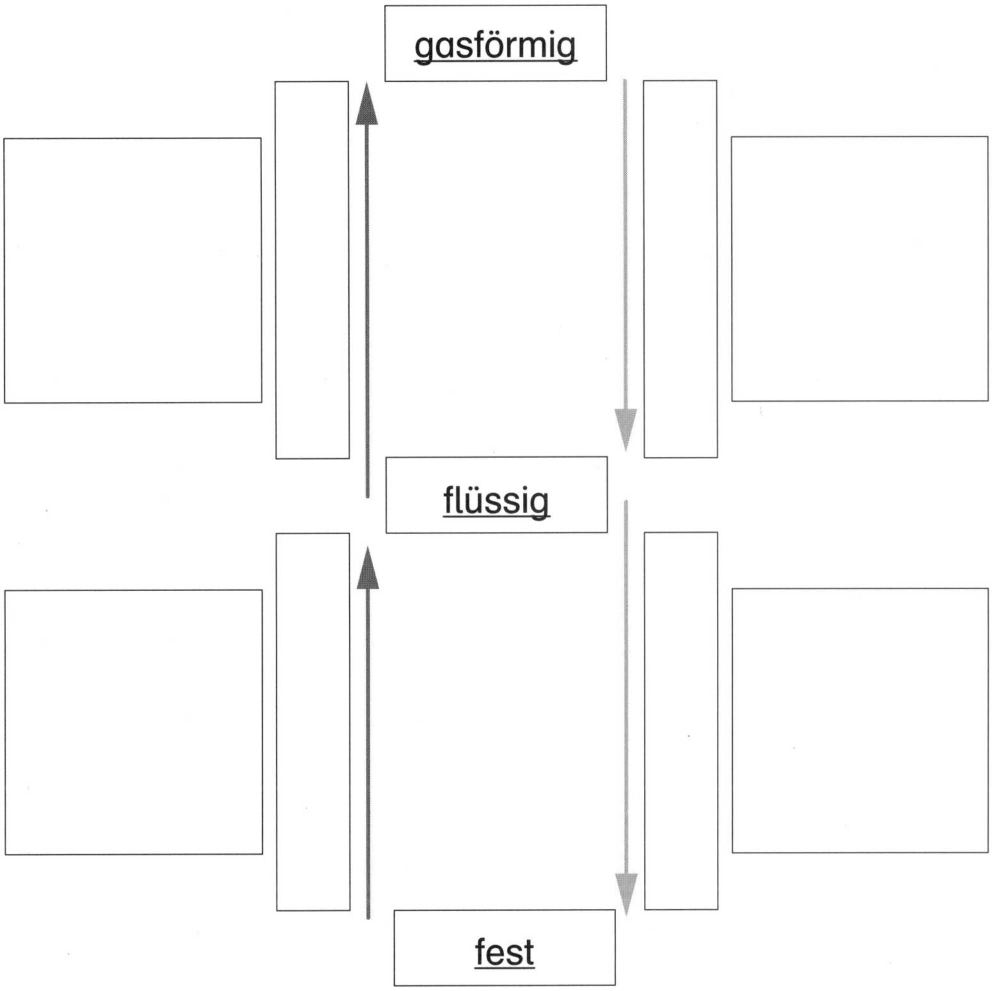

gasförmig

flüssig

fest

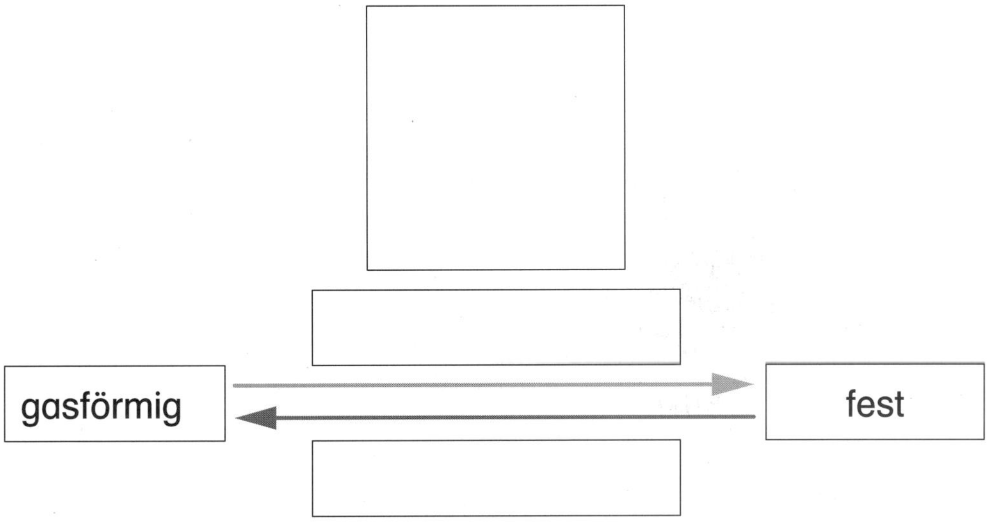

gasförmig

fest

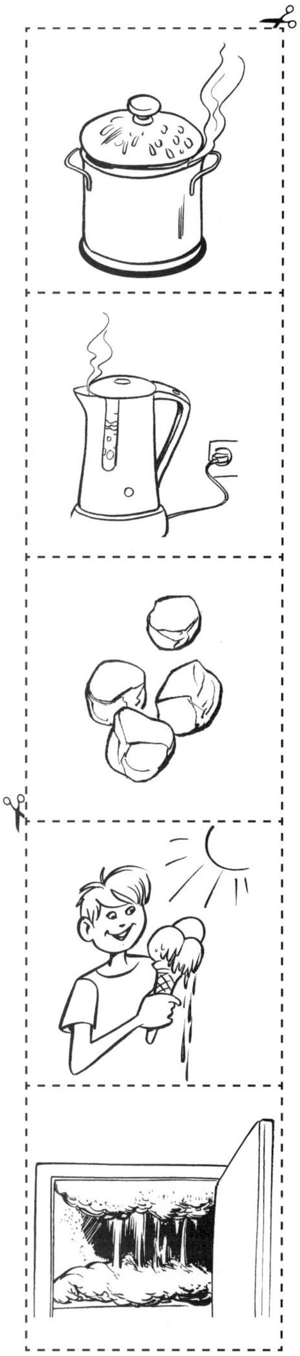

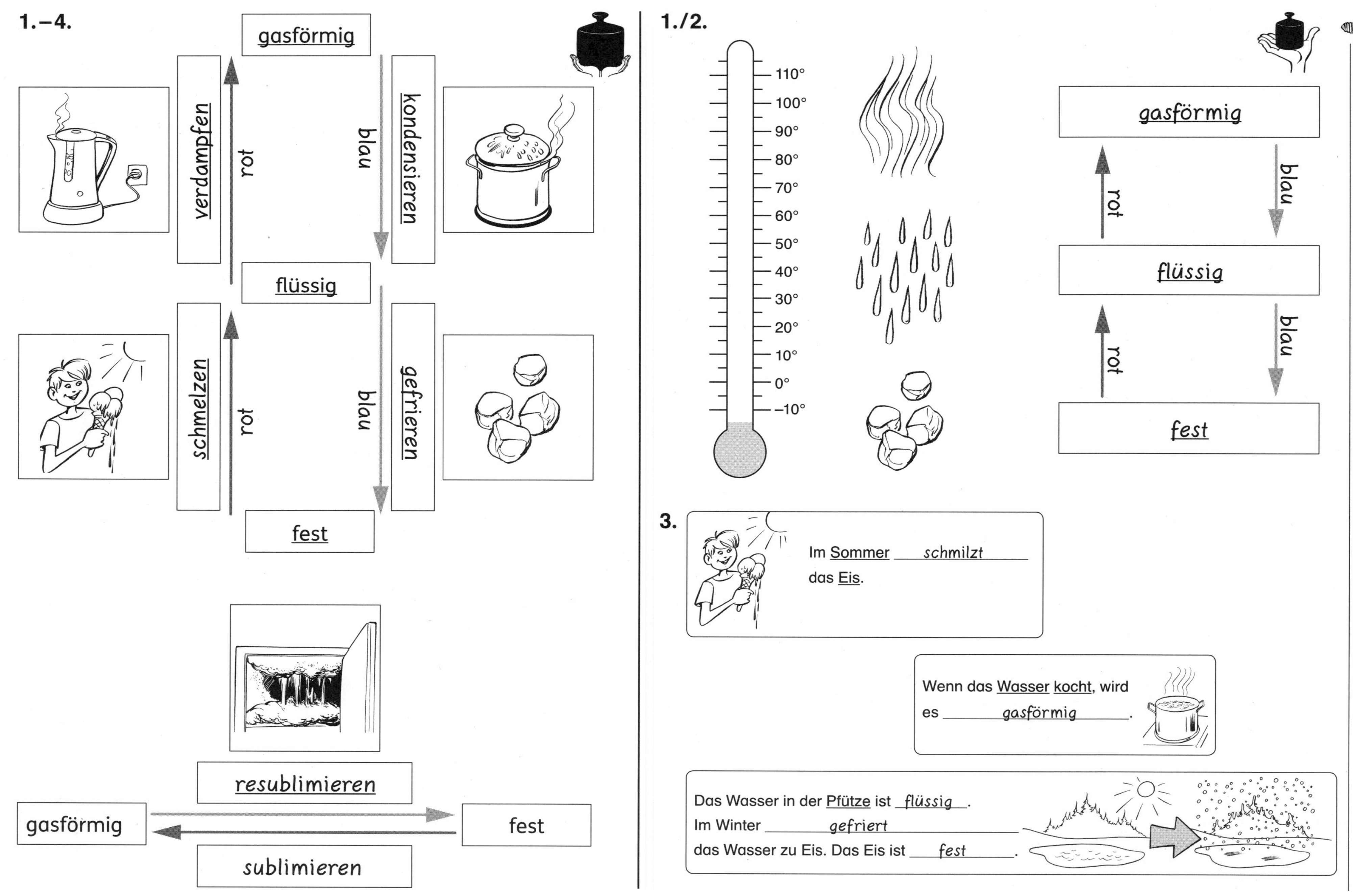
1./2.
110°
100°
90°
80°
70°
60°
50°
40°
30°
20°
10°
0°
–10°
gasförmig
blau
rot
flüssig
blau
rot
fest
3.
Im Sommer schmilzt
das Eis.
Wenn das Wasser kocht, wird
es gasförmig.
Das Wasser in der Pfütze ist flüssig.
Im Winter gefriert
das Wasser zu Eis. Das Eis ist fest.
1.–4.
gasförmig
verdampfen
rot
blau
kondensieren
flüssig
schmelzen
rot
blau
gefrieren
fest
resublimieren
gasförmig
fest
sublimieren

Wärmeausdehnung

Wärmeausdehnung		
ausdehnen dehne aus! *to expand*		

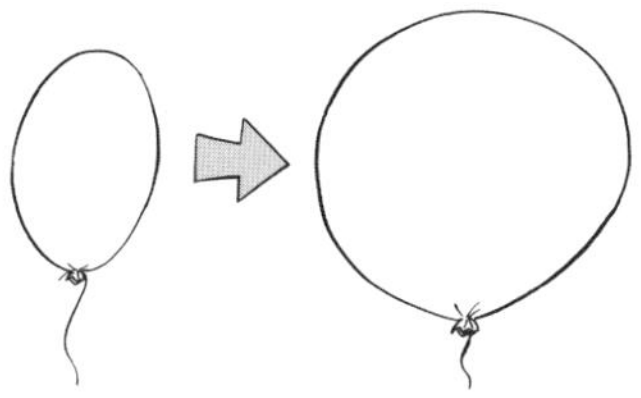

Wärmeausdehnung		
füllen fülle! *to fill*	füllend *filling*	die Füllung die Füllungen *the filling*

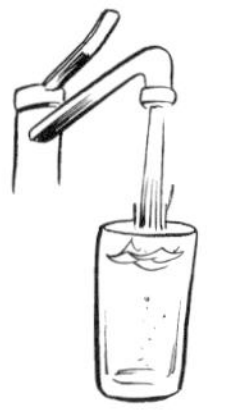

Wärmeausdehnung		
	kalt *cold*	die Kälte – *the cold*

Wärmeausdehnung		
		die Kugel die Kugeln *the sphere*

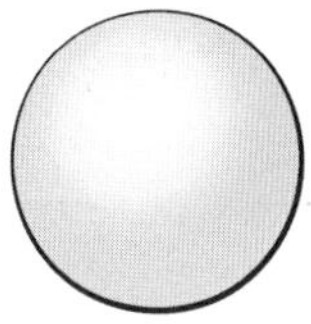

Wärmeausdehnung		
		der Sommer die Sommer *the summer*

Wärmeausdehnung		
		der Winter die Winter *the winter*

Wärmeausdehnung		
zusammenziehen zieh zusammen! *to contract*		

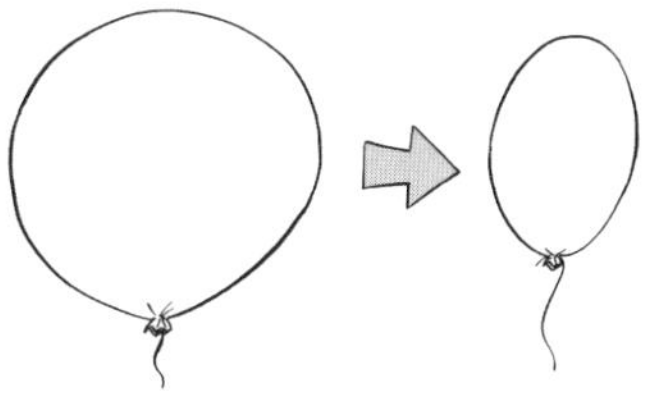

Wärmeausdehnung

- Frage: Ist die Kugel größer (→ groß), wenn sie warm ist?
- Vermutung: Kreuze (→ ankreuzen) deine Vermutung an.

Ich vermute, dass … ☐ 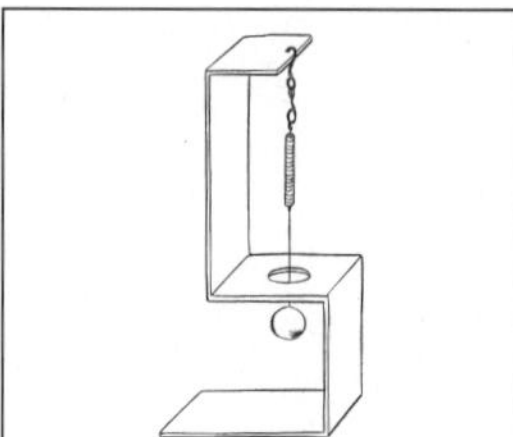 ☐ 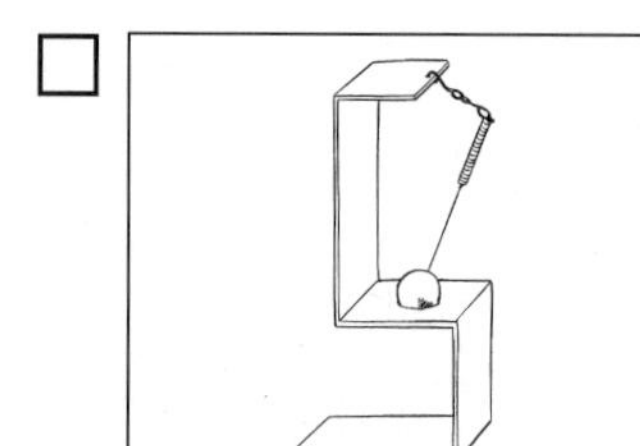

- Material:

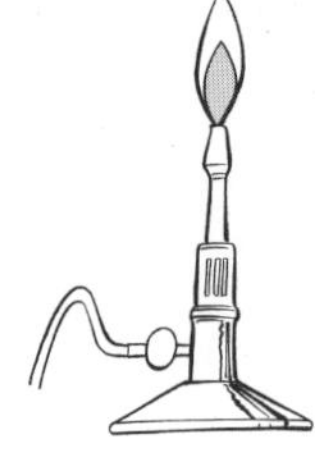

Gasbrenner

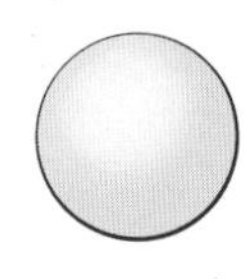

Kugel

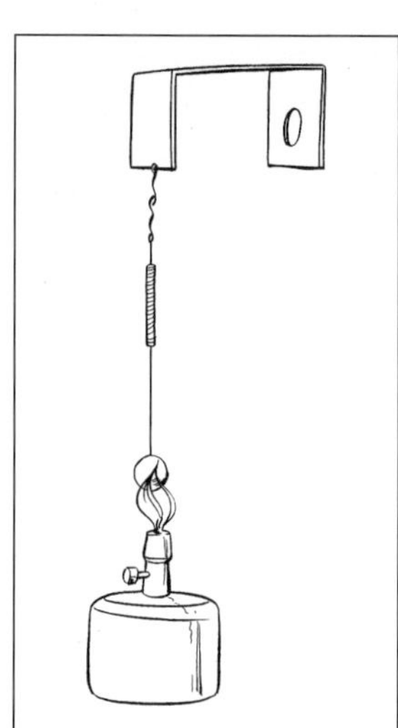

- Aufbau und Durchführung: Erwärme die Kugel mit dem Gasbrenner.
  Stelle die Kugel auf das Loch.

- Beobachtung: Kreuze (→ ankreuzen) deine Beobachtung an.

a) 

0 min

☐ 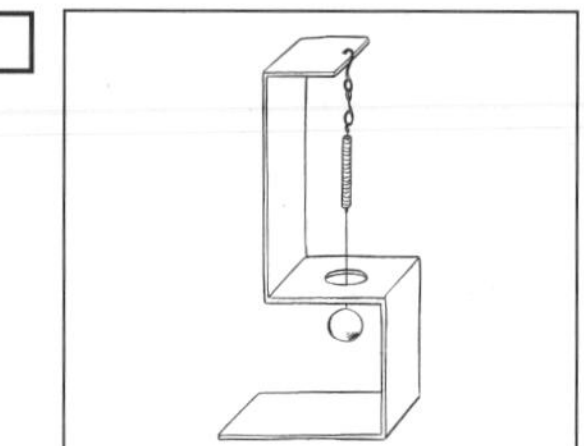 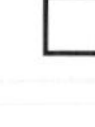 ☐ 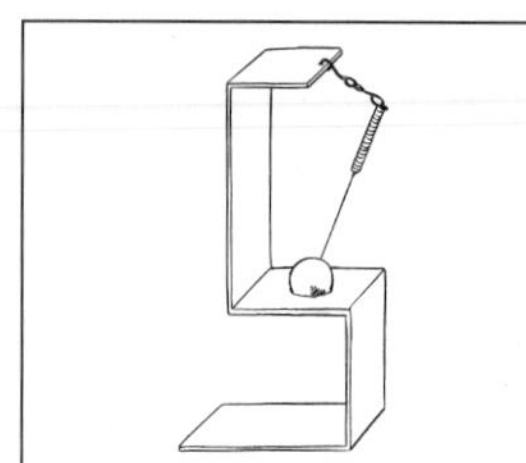

b)

3 min

☐ 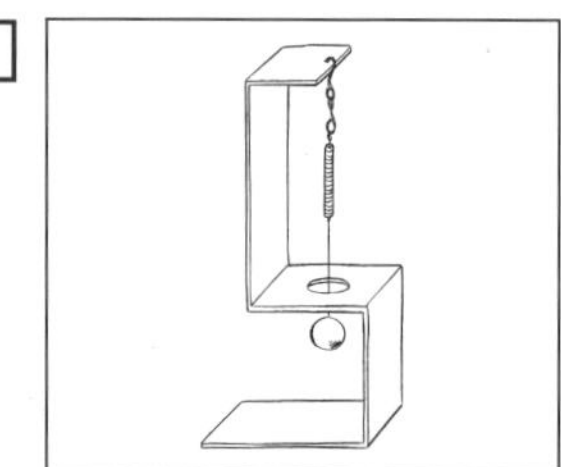 ☐ 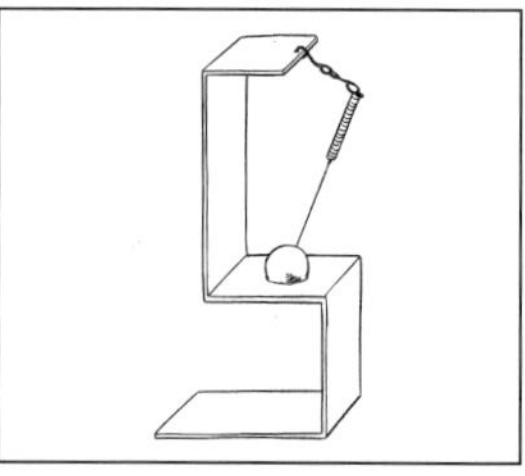

- Ergebnis: Schreibe die richtigen Wörter unter (↓) die Bilder: warm – kalt

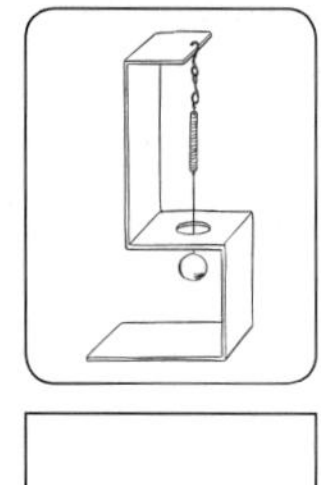 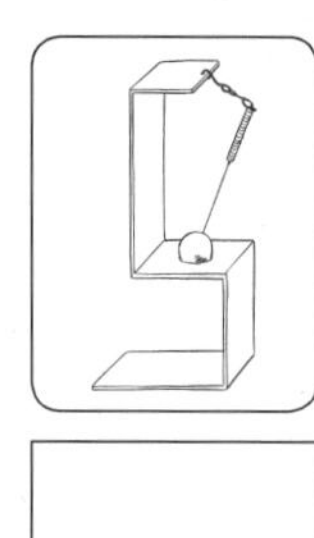

Ist die Kugel größer (→ groß), wenn sie warm ist? Kreuze (→ ankreuzen) an.

☐ Ja. ☐ Nein.

Wärmeausdehnung

1. Frage: Wie verhält (→ verhalten) sich die Luft in der Flasche?

- Vermutung: Zeichne deine Vermutung in das Bild.

- Material:

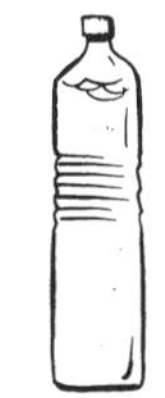
1 Flasche

1 Luftballon

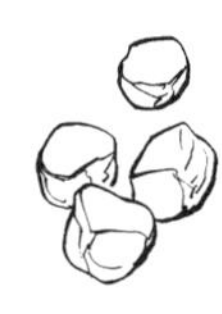
Eiswürfel

1 Glaswanne mit warmem Wasser

1 Glaswanne mit kaltem Wasser

- Aufbau und Durchführung:
  Fülle in eine Glaswanne warmes Wasser.
  Fülle in die andere Glaswanne kaltes Wasser und Eiswürfel.
  Ziehe (→ überziehen) den Luftballon über die Flasche.

a) Stelle die Flasche in das warme Wasser.
Beobachte.

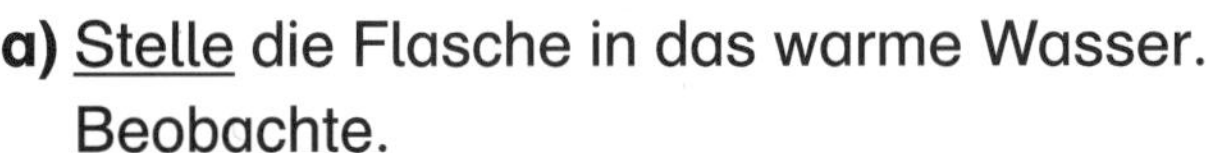

b) Stelle die Flasche in das kalte Wasser.
Beobachte.

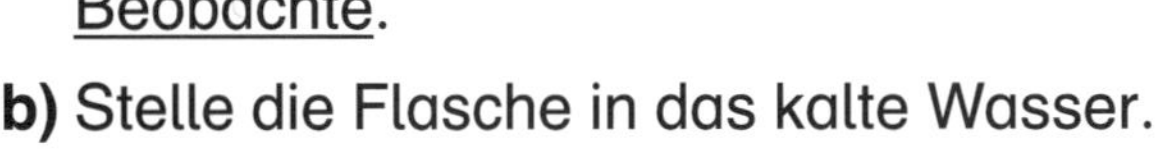

- Beobachtung: Zeichne deine Beobachtungen in das Bild.

- Ergebnis: Schreibe die richtigen Wörter in die Lücken:
  kalt – dehnt – warm – zieht

  Wenn die Luft in der Flasche _________ wird,

  _________ (→ ausdehnen) sich die Luft aus.

  Wenn die Luft in der Flasche _________ wird, _________

  (→ zusammenziehen) sie sich zusammen.

2. Sieh (→ sehen) dir die Bilder an. Ist es Sommer oder Winter? Kreuze (→ ankreuzen) an.

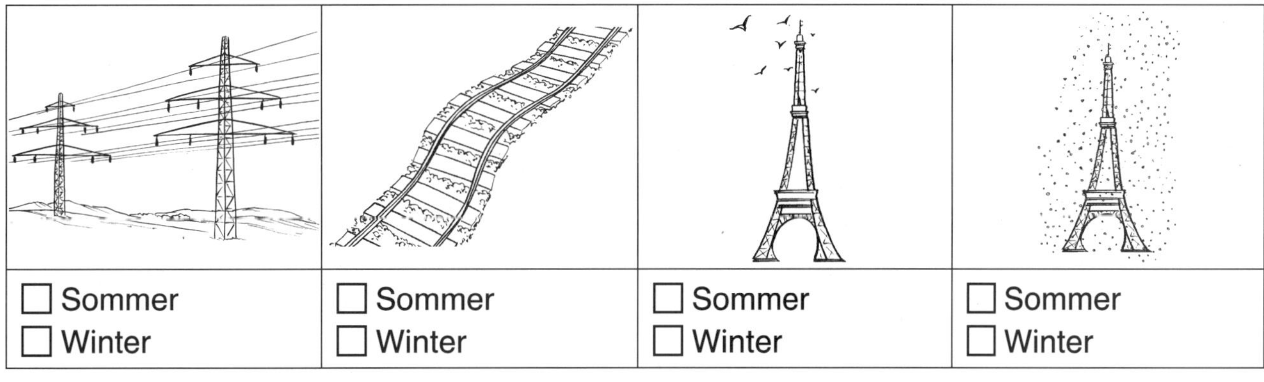

☐ Sommer ☐ Winter	☐ Sommer ☐ Winter	☐ Sommer ☐ Winter	☐ Sommer ☐ Winter

Wärmeausdehnung

- Beobachtung:

a) 

0 min

☐ 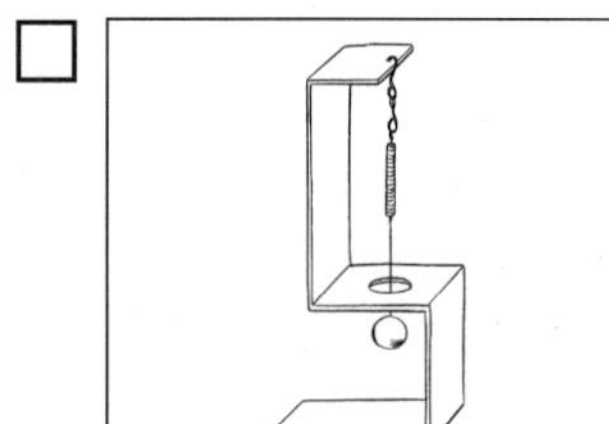

☒ 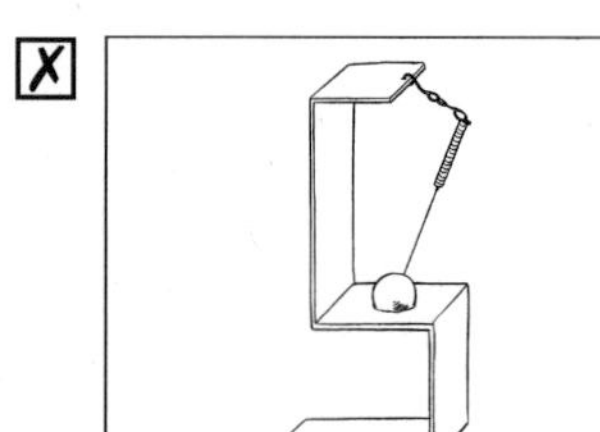

b) 

3 min

☒ 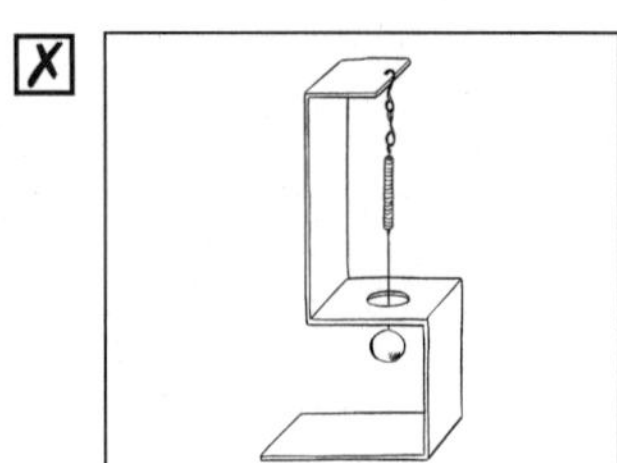

☐ 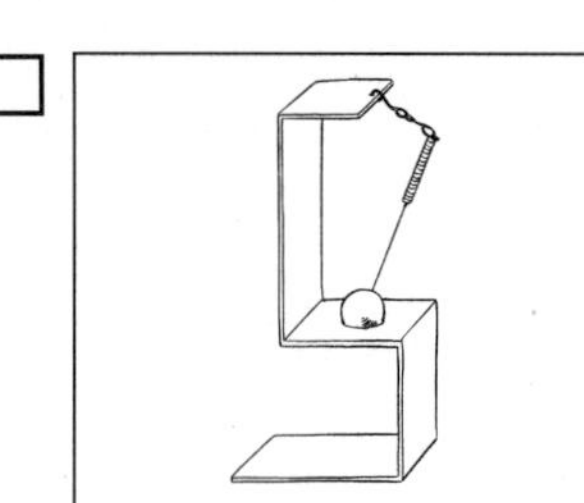

- Ergebnis:

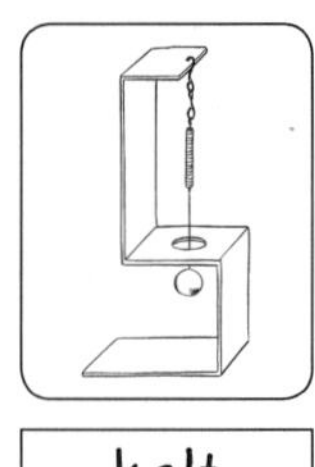

kalt

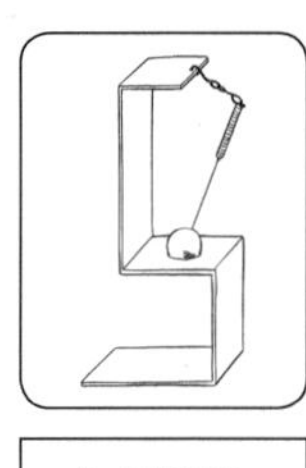

warm

Ist die Kugel größer (→ groß), wenn sie warm ist?

☒ Ja. ☐ Nein.

---

1. - Beobachtung:

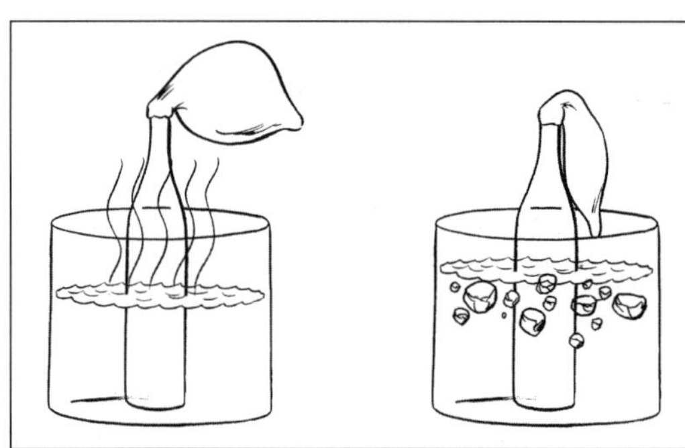

- Ergebnis:
  Wenn die Luft in der Flasche warm wird, dehnt (→ ausdehnen) sich die Luft aus.
  Wenn die Luft in der Flasche kalt wird, zieht (→ zusammenziehen) sie sich zusammen.

2.

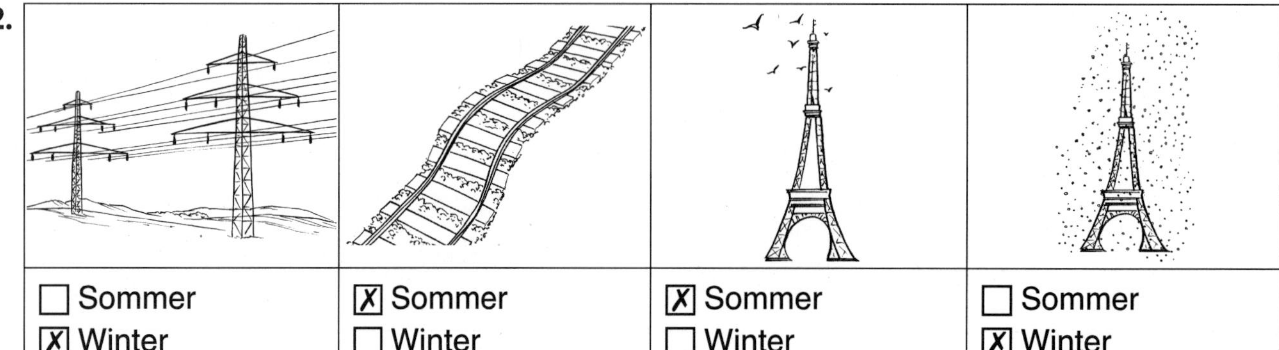

☐ Sommer ☒ Winter	☒ Sommer ☐ Winter	☒ Sommer ☐ Winter	☐ Sommer ☒ Winter

Der elektrische Stromkreis

Der elektrische Stromkreis		
	links *left*	

Der elektrische Stromkreis		
		das Schaltzeichen die Schaltzeichen *the wiring symbol*

Der elektrische Stromkreis		
		der Stromkreis die Stromkreise *the electric circuit*

 Arbeitsblatt

Der elektrische Stromkreis

1. Die Lampe soll leuchten. Verbinde die Gegenstände richtig.

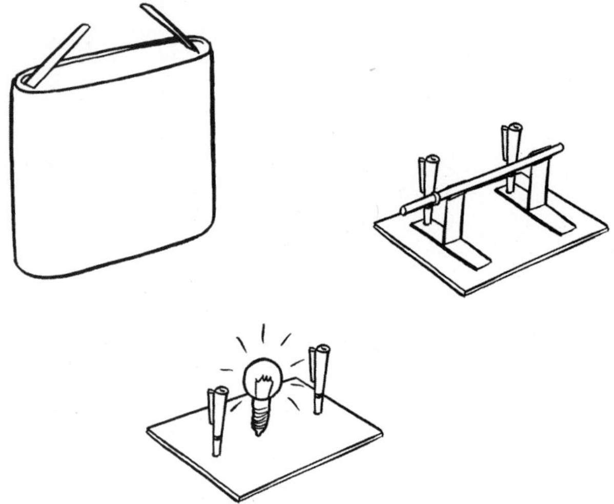

2. Zeichne den Stromkreis in Aufgabe 1 mit den richtigen Schaltzeichen.

3. a) Schneide (→ ausschneiden) die Bilder unten (↓) aus.

b) Ordne (→ zuordnen) die Bilder der elektrischen Gegenstände den richtigen Wörtern zu.

c) Ordne die Schaltzeichen den richtigen Gegenständen zu.

Elektrischer Gegenstand		Schaltzeichen
	Batterie	
	Netzgerät	
	Lampe	
	Schalter	
	Kabel	

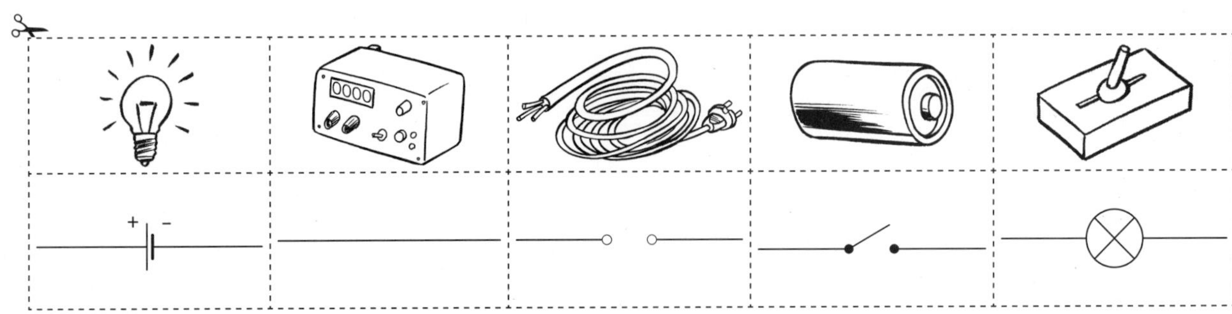

Der elektrische Stromkreis

1. a) Sieh (→ sehen) dir die Bilder an. Welche Lampe leuchtet? Kreuze (→ ankreuzen) an.

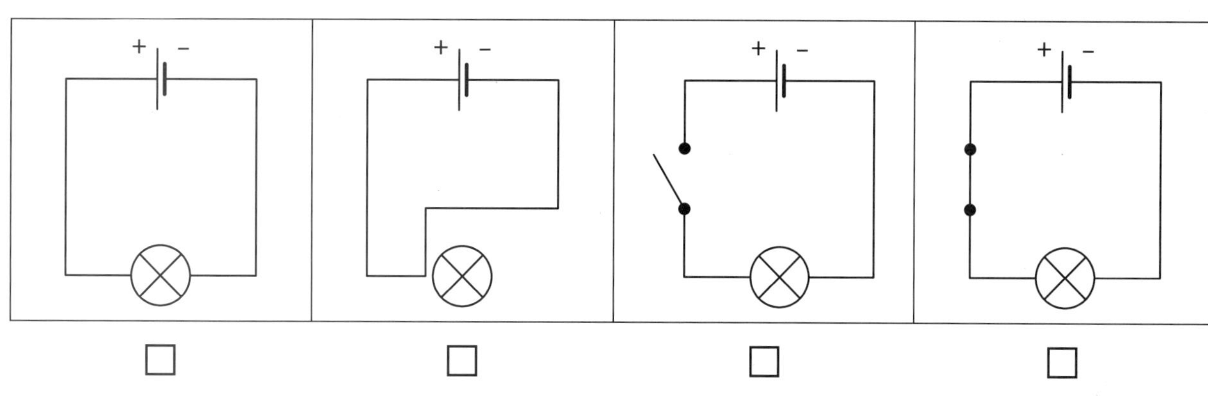

☐ ☐ ☐ ☐

b) Schreibe die richtigen Wörter in die Lücken:

Batterie, geschlossen

Die Lampe leuchtet, wenn der Stromkreis ____________________ ist. Die Lampe leuchtet, wenn sie richtig mit der ________________ verbunden (→ verbinden) ist.

2. Sieh (→ sehen) dir das Bild links an.
Zeichne den Stromkreis mit den richtigen Schaltzeichen in das Kästchen.

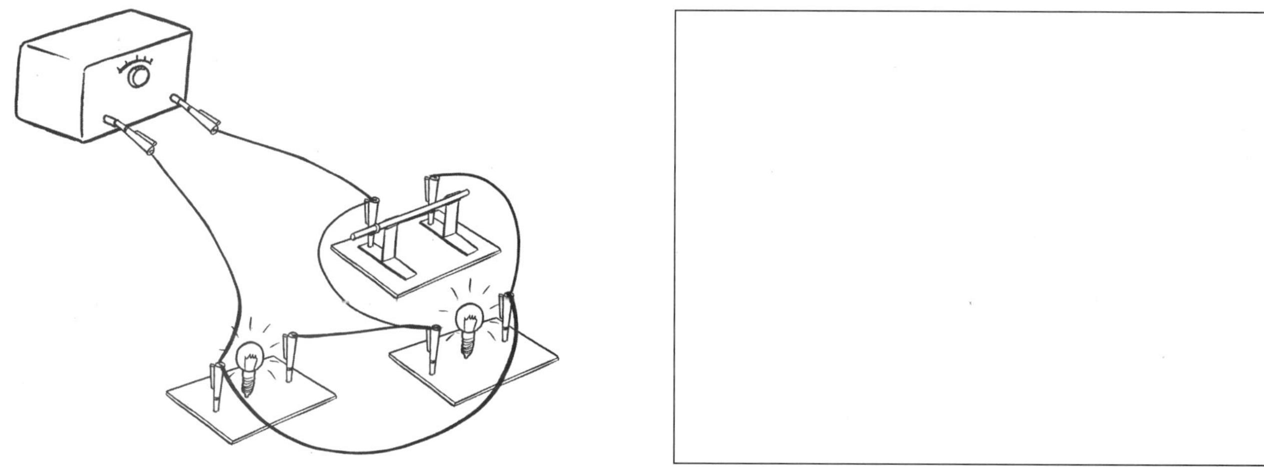

3. Wie ist der Stromkreis in der Taschenlampe? Sieh (→ sehen) dir das Bild links an.
Zeichne den Stromkreis mit den richtigen Schaltzeichen in das Kästchen.

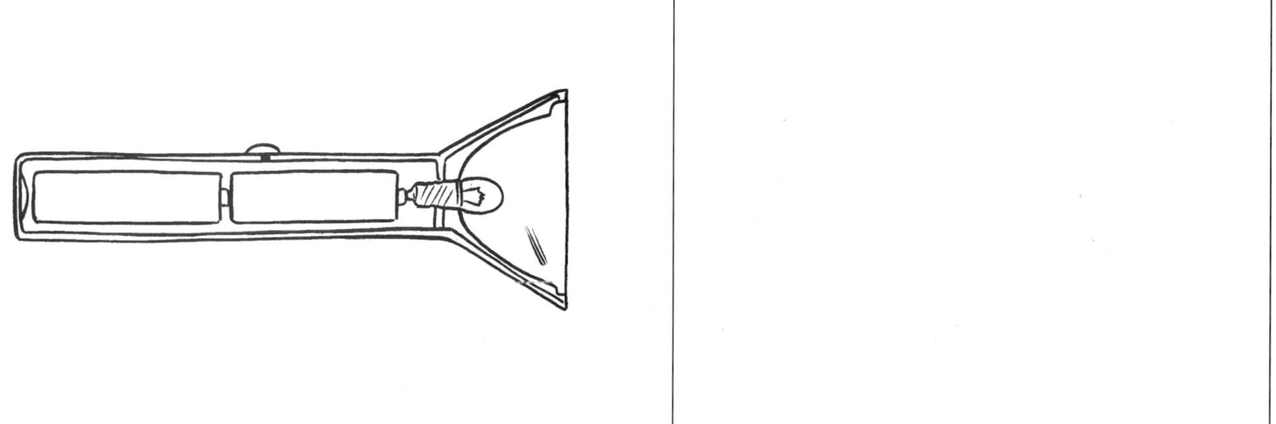

1. a)

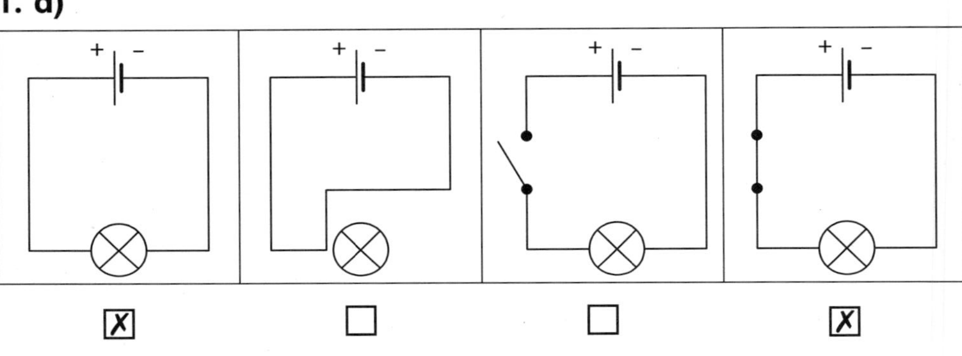

b) Die <u>Lampe</u> <u>leuchtet</u>, wenn der <u>Stromkreis</u> <u>*geschlossen*</u> ist.
Die Lampe leuchtet, wenn sie <u>richtig</u> mit der <u>*Batterie*</u>
verbunden (→ <u>verbinden</u>) ist.

2.

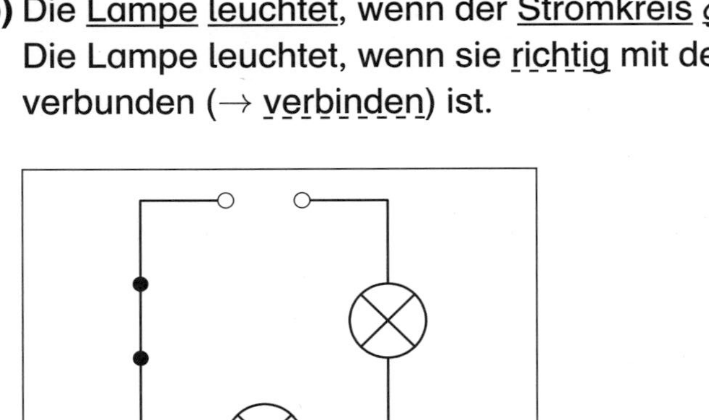

3.

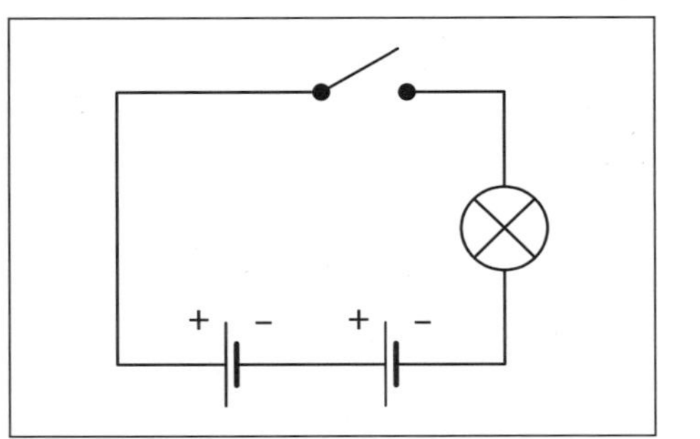

1.

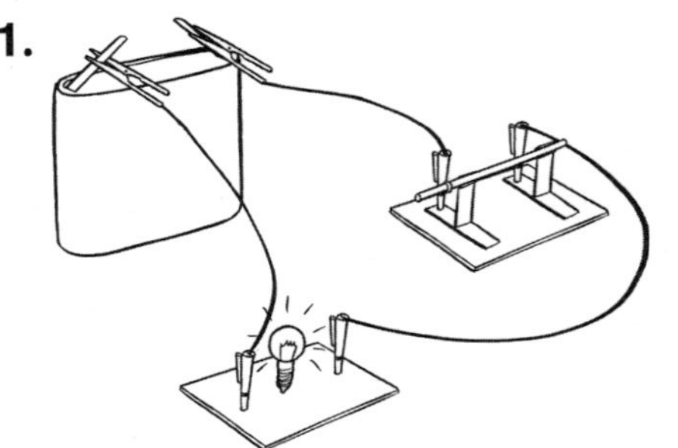

2.

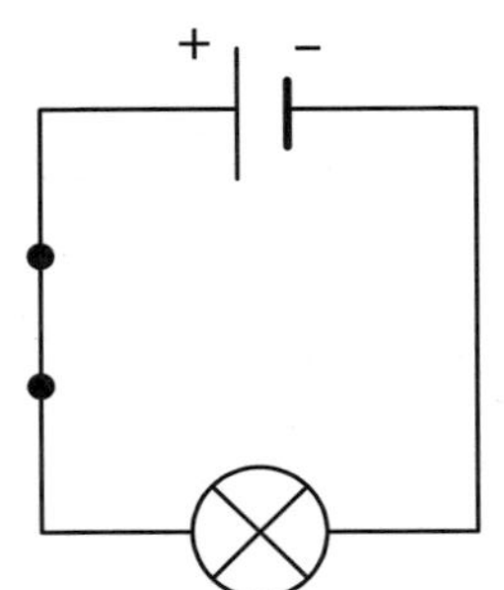

3.

Elektrischer Gegenstand		Schaltzeichen
	<u>Batterie</u>	+ –
	<u>Netzgerät</u>	
	<u>Lampe</u>	
	Schalter	
	<u>Kabel</u>	

Leiter und Nichtleiter

Leiter und Nichtleiter		
		der Leiter die Leiter *the conductor*

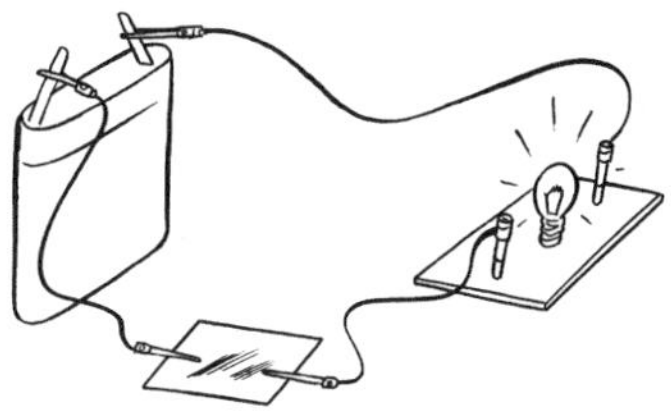

Leiter und Nichtleiter		
		das Metall die Metalle *the metal*

Leiter und Nichtleiter		
		der Nichtleiter die Nichtleiter *the nonconductor*

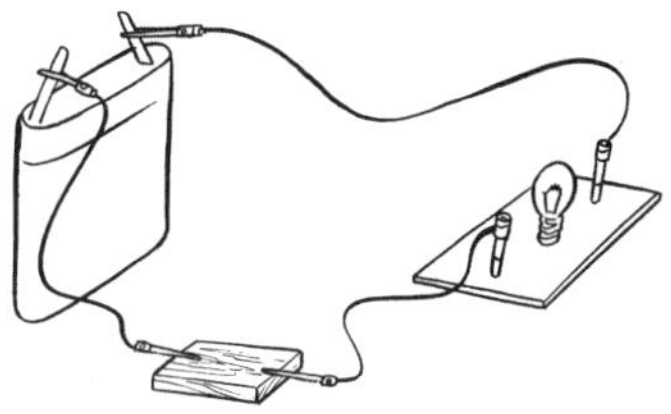

Leiter und Nichtleiter

- Frage: Welche Gegenstände leiten den elektrischen Strom?
- Vermutung: Kreuze (→ ankreuzen) deine Vermutung an.

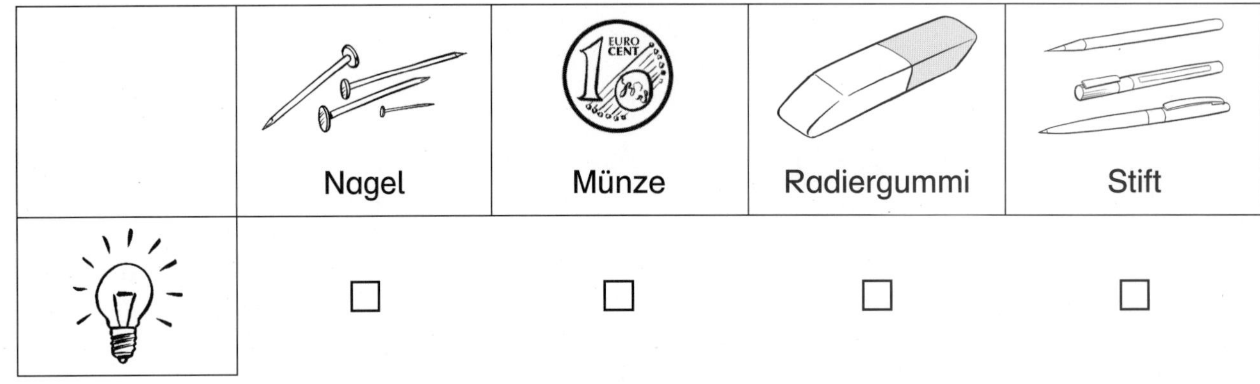

	Nagel	Münze	Radiergummi	Stift
	☐	☐	☐	☐

- Material:

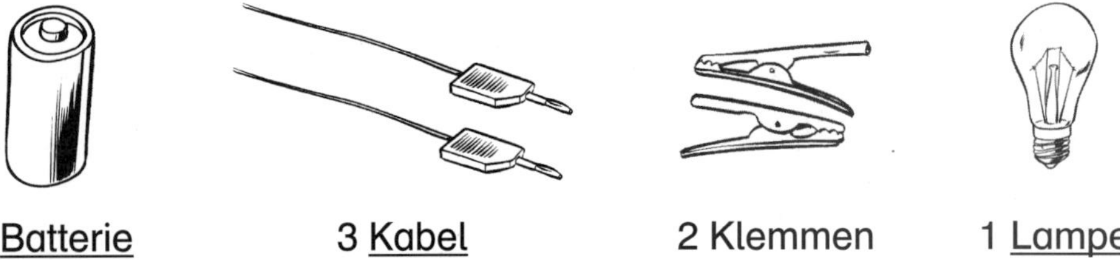

1 Batterie 3 Kabel 2 Klemmen 1 Lampe

- Aufbau und Durchführung:

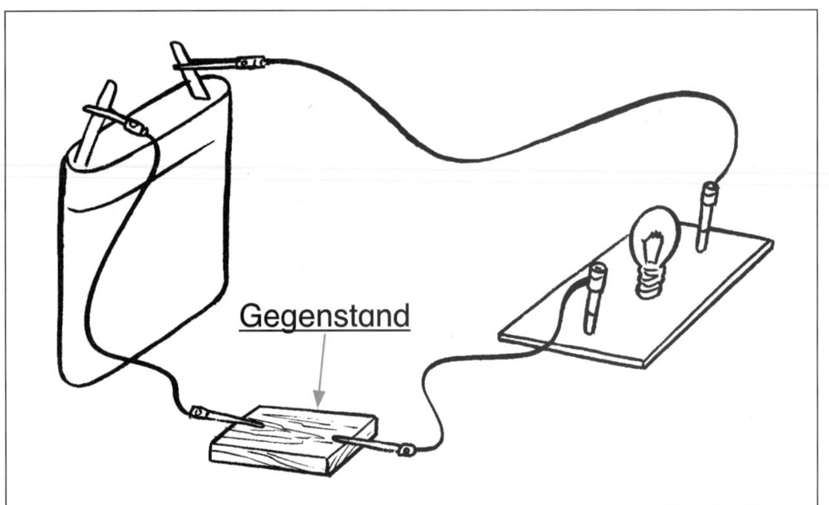

- Ergebnis: Bei welchem Gegenstand leuchtet die Lampe? Kreuze (→ ankreuzen) an.

	Nagel	Münze	Radiergummi	Stift
	☐	☐	☐	☐

Leiter und Nichtleiter

- Frage: Welches Material leitet den elektrischen Strom?
- Vermutung: Kreuze (→ ankreuzen) deine Vermutung an.

☐ 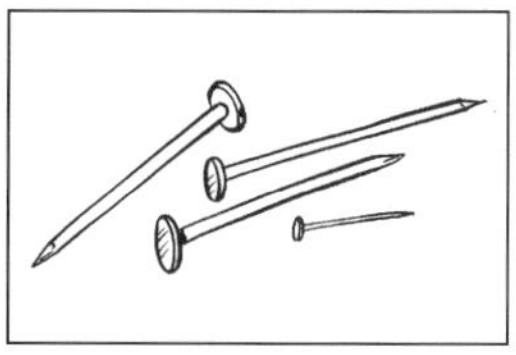 Eisen ☐ 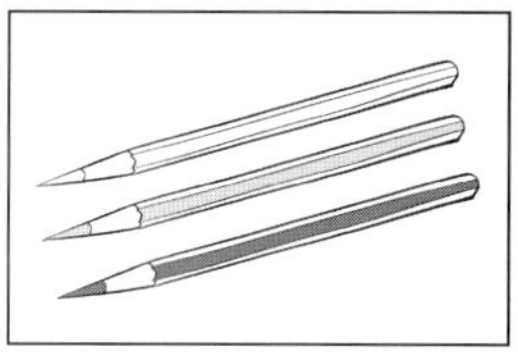 Holz ☐  Silber ☐ 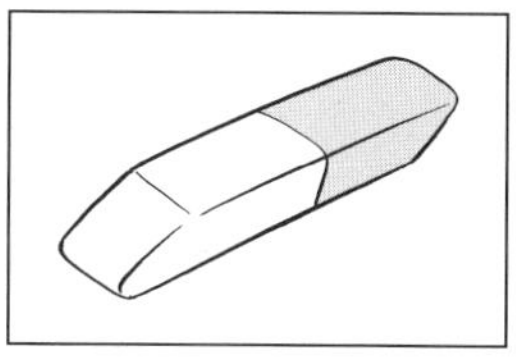 Gummi

☐  Kupfer ☐ 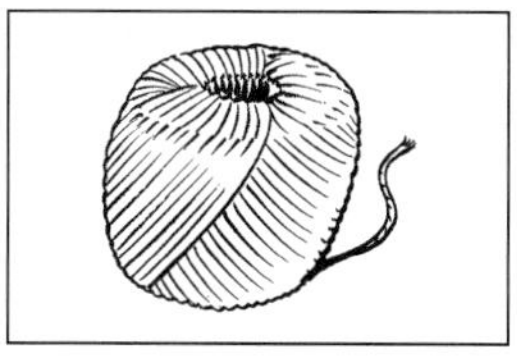 Wolle ☐ 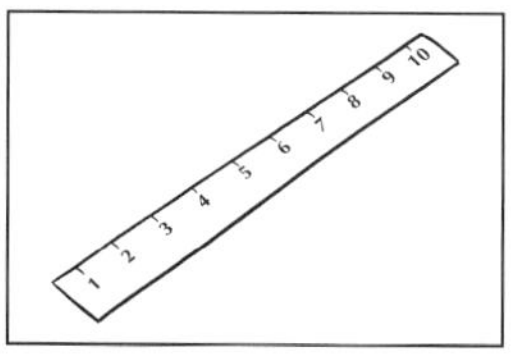 Kunststoff

- Material: eine Batterie, 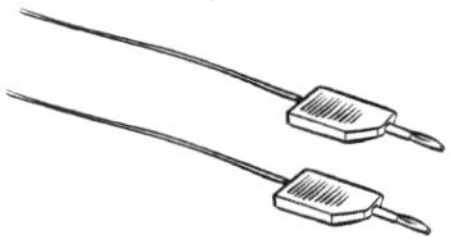 drei Kabel, 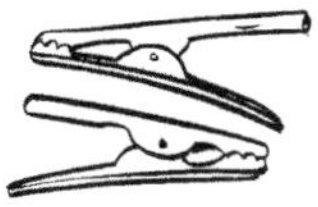 zwei Klemmen,  eine Lampe
- Aufbau und Durchführung:
  Baue (→ aufbauen) den Versuch wie im Bild auf.
  Verbinde die Gegenstände mit den Klemmen.
  Beobachte, ob die Lampe leuchtet. 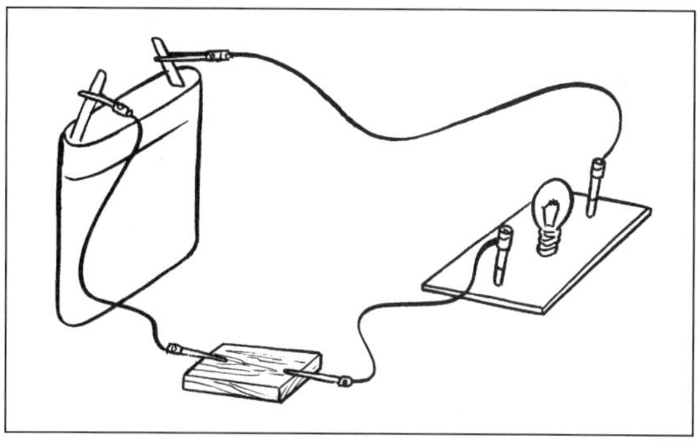
- Beobachtung: Bei welchem Material leuchtet die Lampe? Kreuze (→ ankreuzen) an.

☐ 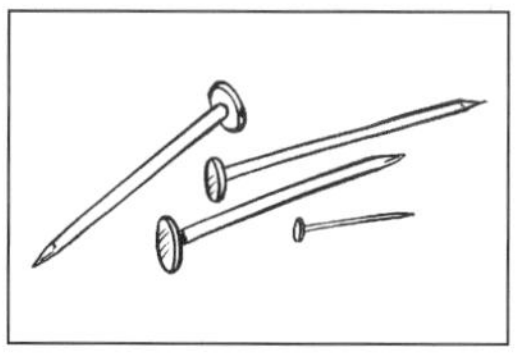 Eisen ☐ 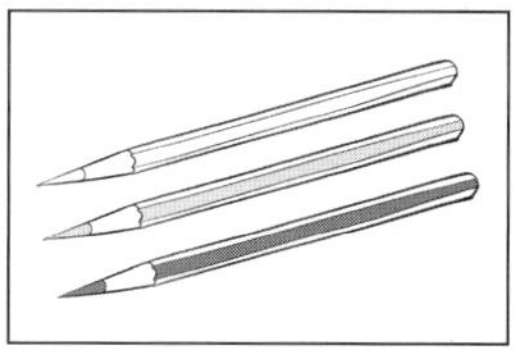 Holz ☐  Silber ☐ 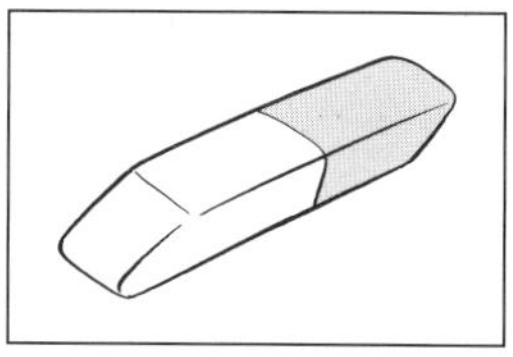 Gummi

☐  Kupfer ☐ 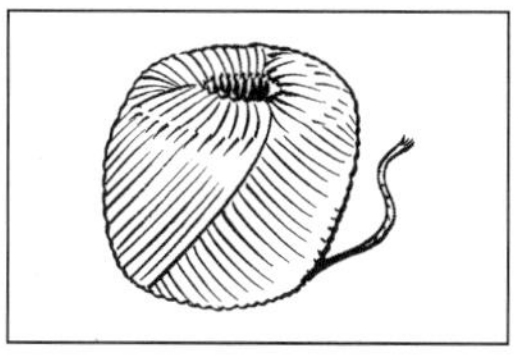 Wolle ☐ 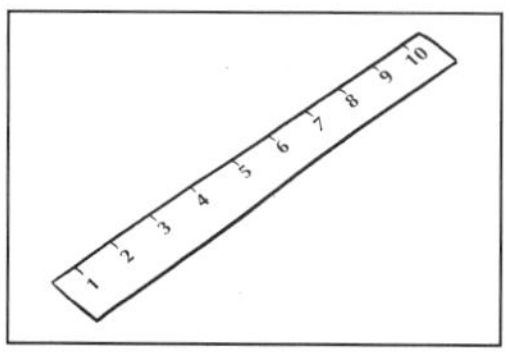 Kunststoff

- Ergebnis: Schreibe die richtigen Wörter in die Lücken:

Nichtleiter, Eisen, Leiter

Gegenstände aus __________________ leiten den elektrischen Strom.

Alle Metalle sind elektrische __________________.

Holz, Gummi, Wolle und Kunststoff sind elektrische __________________.

Leiter und Nichtleiter

- Ergebnis:

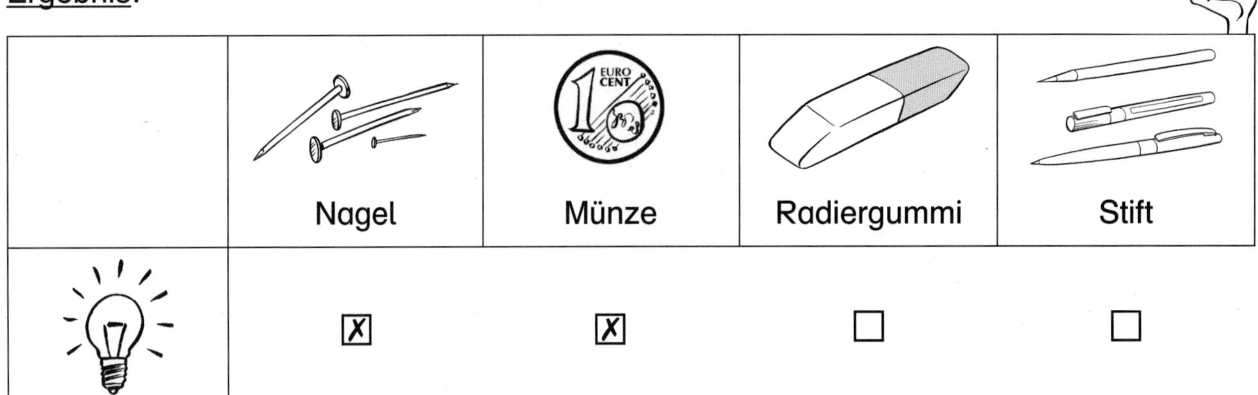

	Nagel	Münze	Radiergummi	Stift
(Glühbirne)	☒	☒	☐	☐

- Beobachtung:

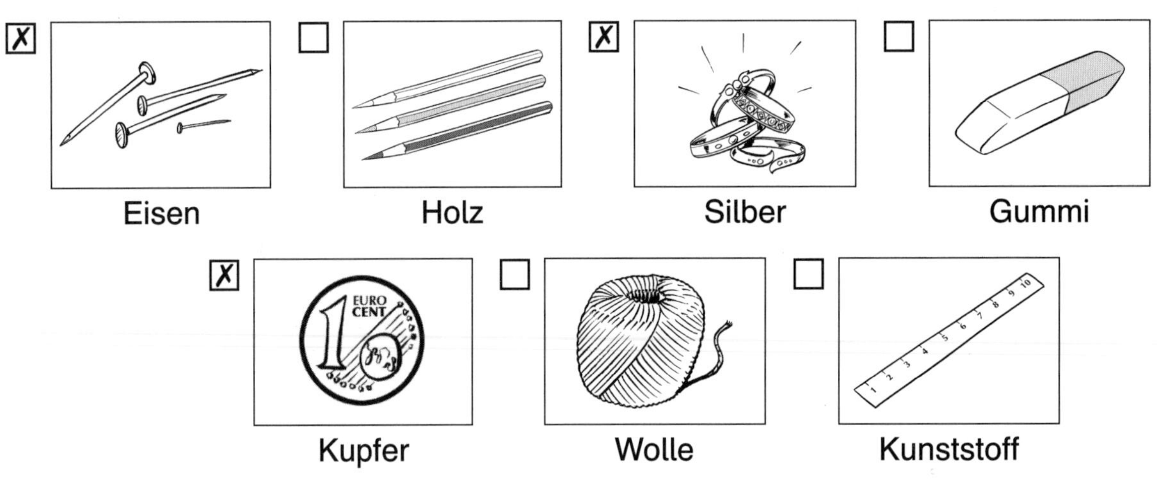

☒ Eisen ☐ Holz ☒ Silber ☐ Gummi

☒ Kupfer ☐ Wolle ☐ Kunststoff

- Ergebnis:

Gegenstände aus _Eisen_ leiten den elektrischen Strom.

Alle Metalle sind elektrische _Leiter_.

Holz, Gummi, Wolle und Kunststoff sind elektrische _Nichtleiter_.

Schaltungen

Schaltungen		
	parallel *parallel*	

g || h

Schaltungen		
		die Reihe die Reihen *the series*

1 2 3 4 5 6 7 8 9 10 11 12 13 14 15 16

Die Reihenschaltung

1. Welche Lampen leuchten? Male (→ anmalen) die Lampen gelb an.

a)

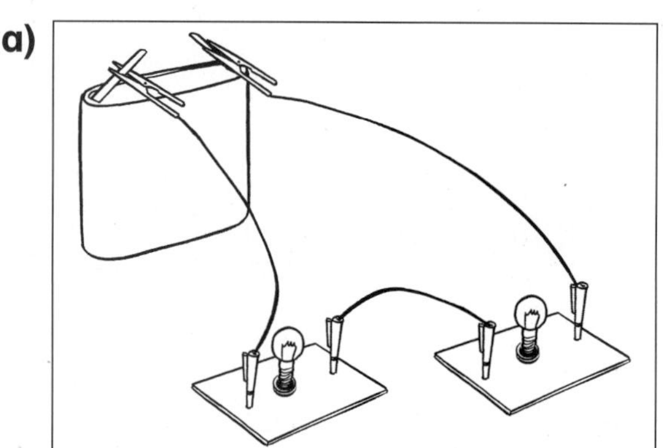

b)

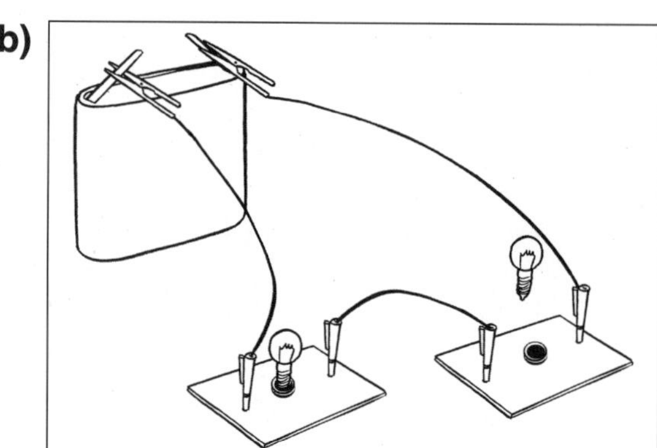

Die Parallelschaltung

2. Welche Lampen leuchten? Male (→ anmalen) die Lampen gelb an.

a)

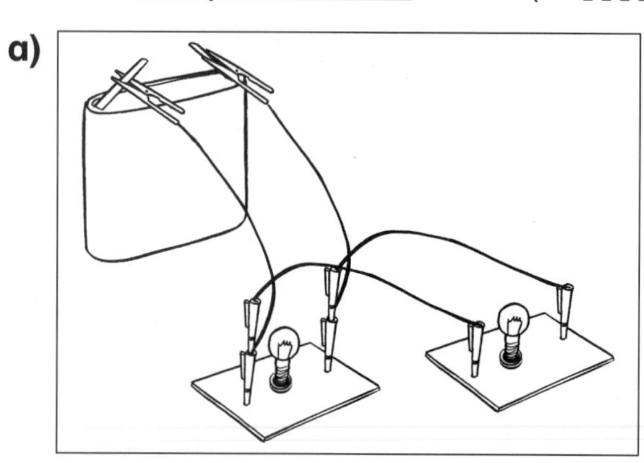

b)

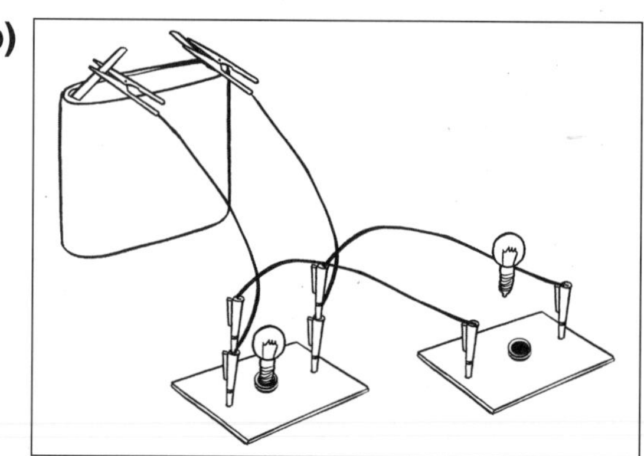

3. Verbinde die Bilder mit den richtigen Wörtern.

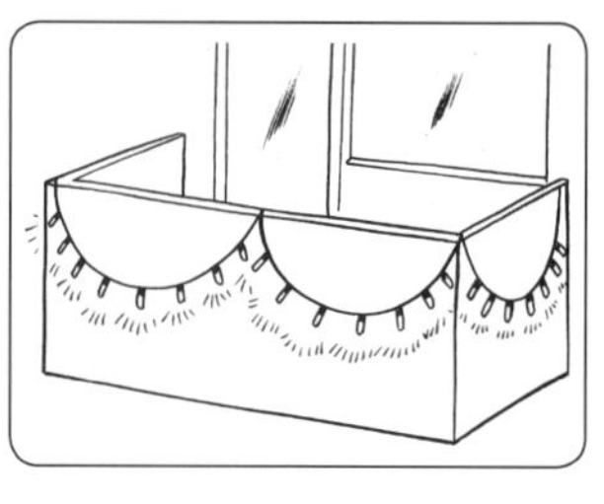

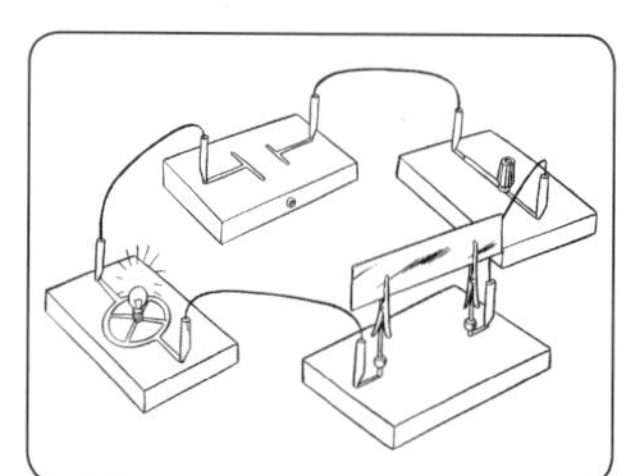

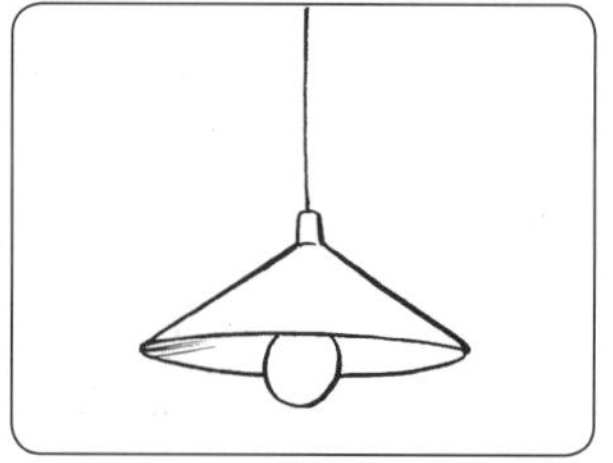

Reihenschaltung

Parallelschaltung

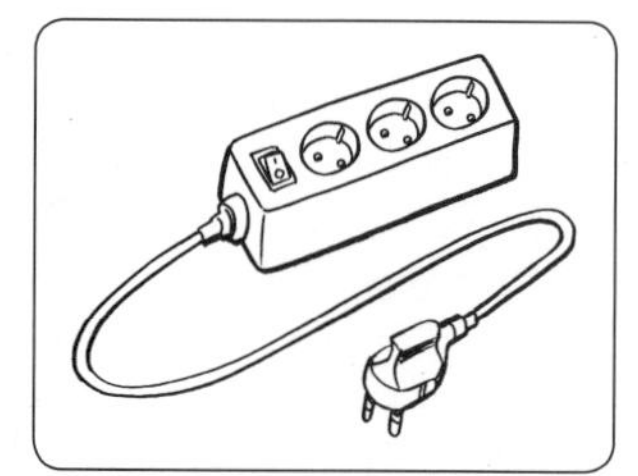

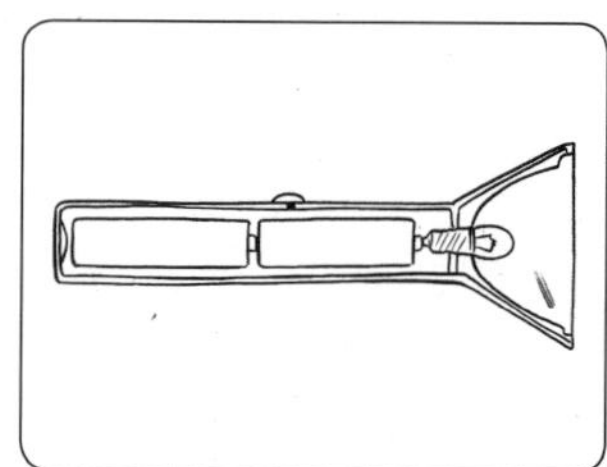

Die Reihenschaltung

1. Sieh (→ sehen) dir die Bilder an. Welche Lampen leuchten nicht?
Streiche (→ durchstreichen) die Lampen durch, die nicht leuchten.

a)

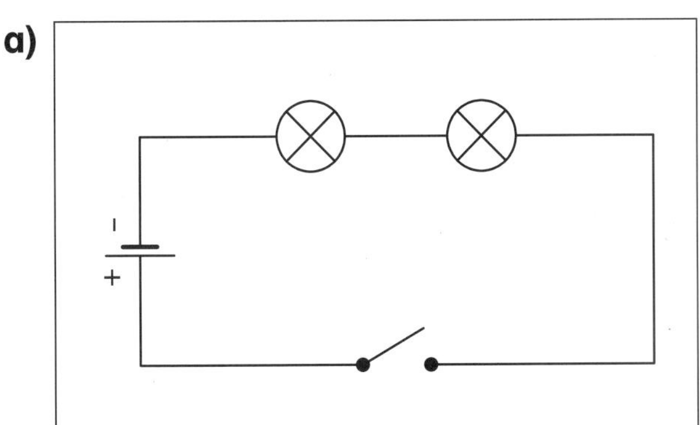

b)

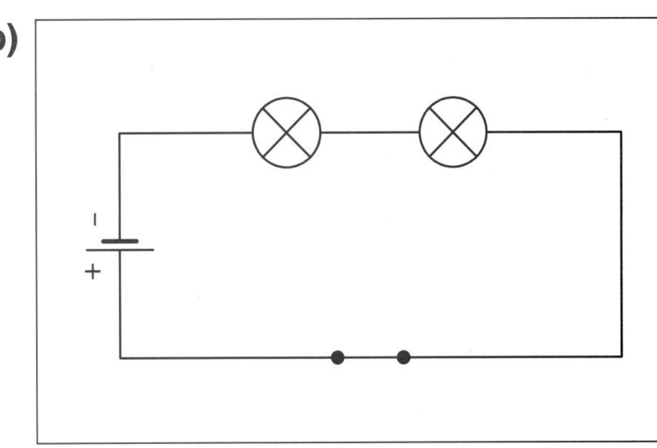

Die Parallelschaltung

2. Sieh (→ sehen) dir die Bilder an. Welche Lampen leuchten nicht?
Streiche (→ durchstreichen) die Lampen durch, die nicht leuchten.

a)

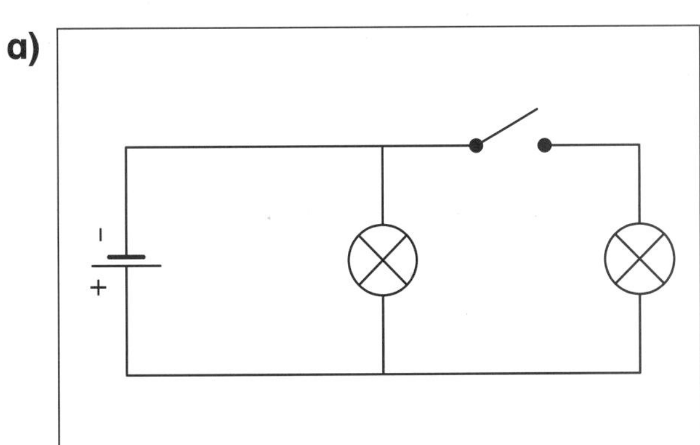

b)

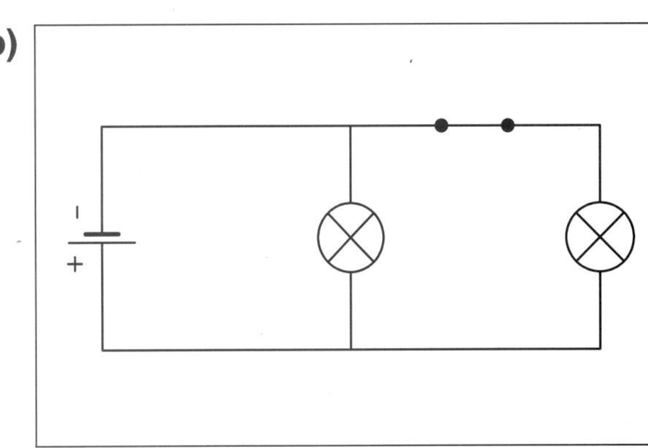

3. Schreibe die richtigen Wörter in die Lücken: Parallelschaltung – Reihenschaltung

- Wenn in der ______________________________ eine Lampe kaputt ist, leuchtet die andere Lampe nicht.
- Wenn in der ______________________________ eine Lampe kaputt ist, leuchtet die andere Lampe weiter.

4. Welches Bild zeigt eine Parallelschaltung? Kreuze (→ ankreuzen) an.

☐ 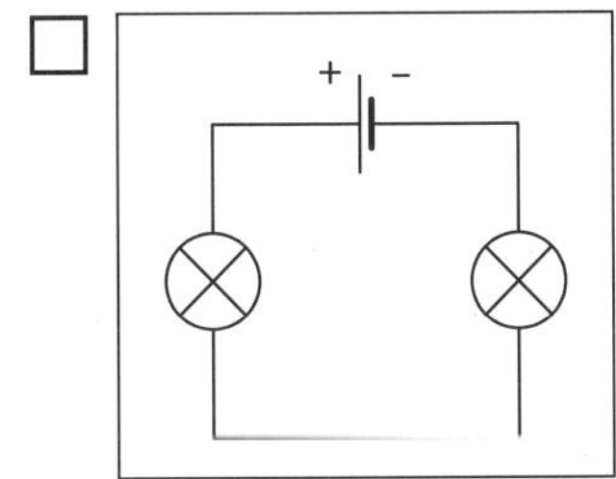

☐ 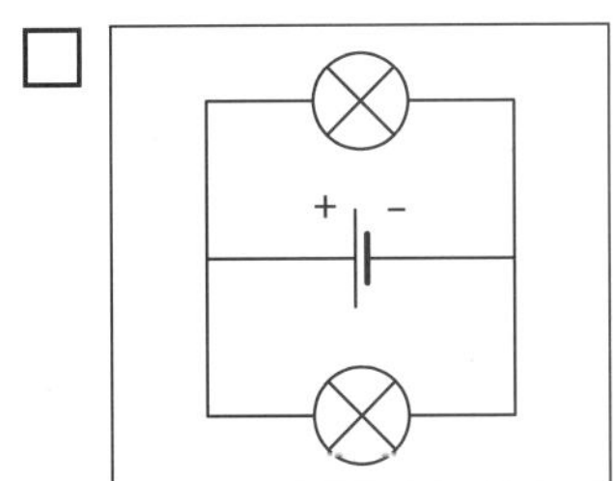

☐ 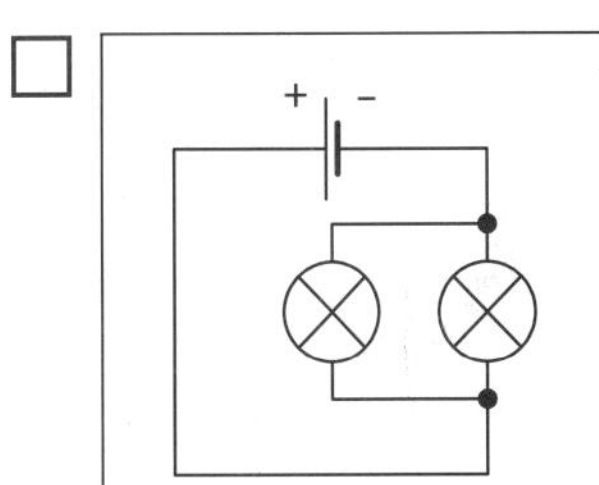

1. a) 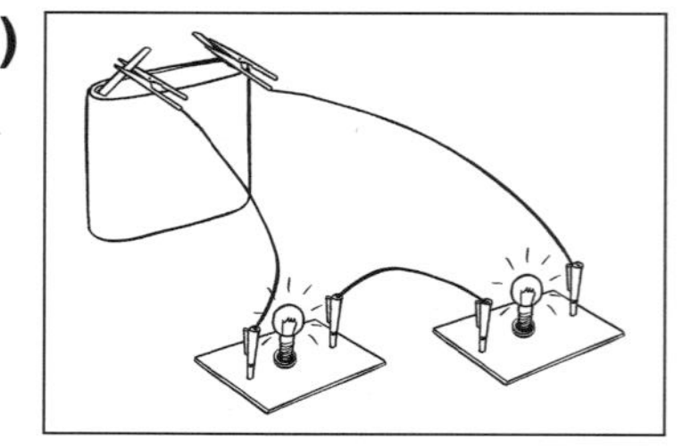

b) 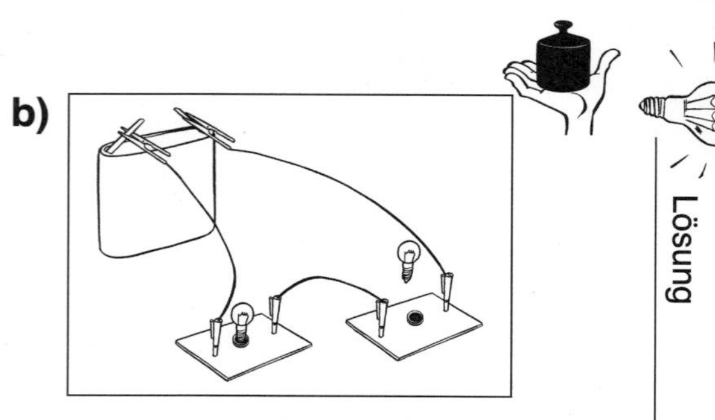

2. a) 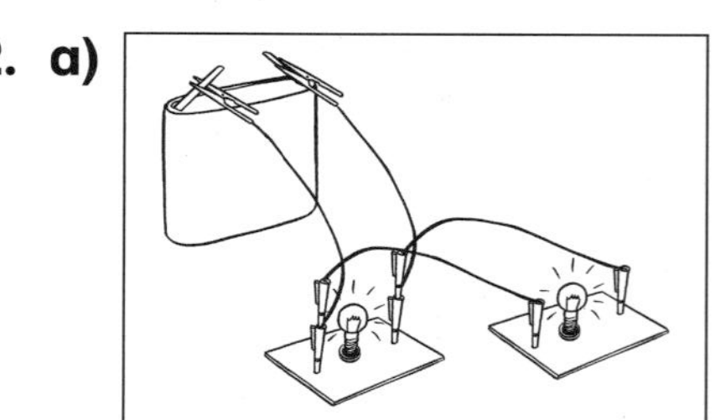

b) 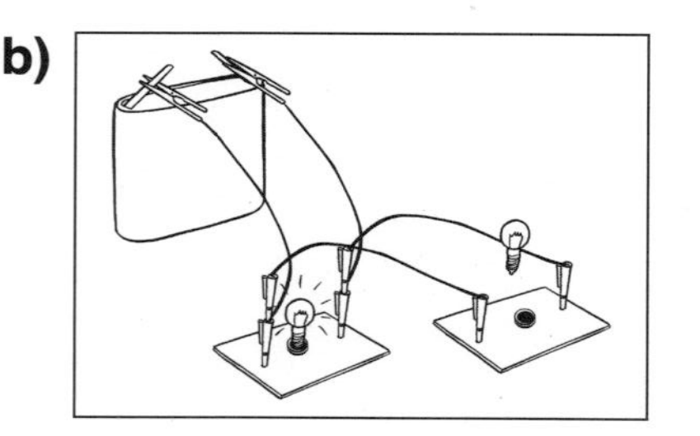

3.

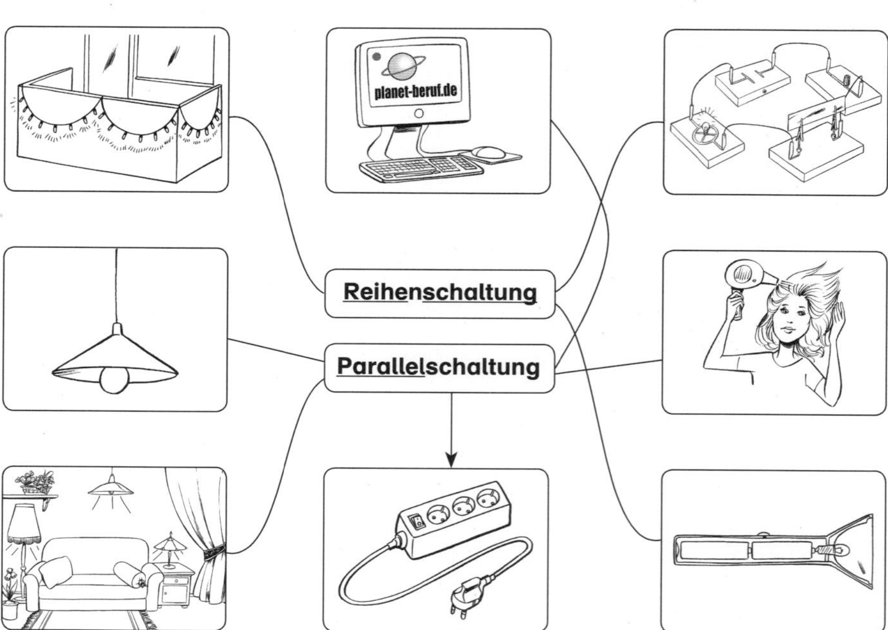

1. a) 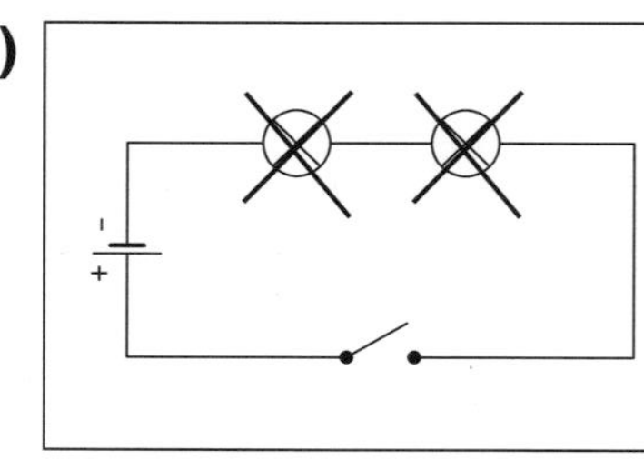

b) 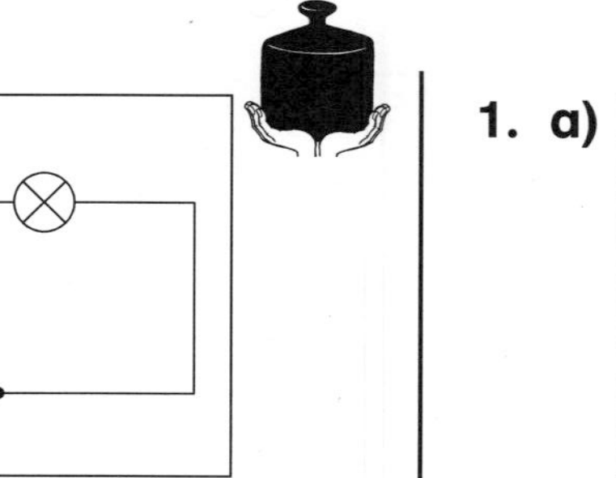

2. a) 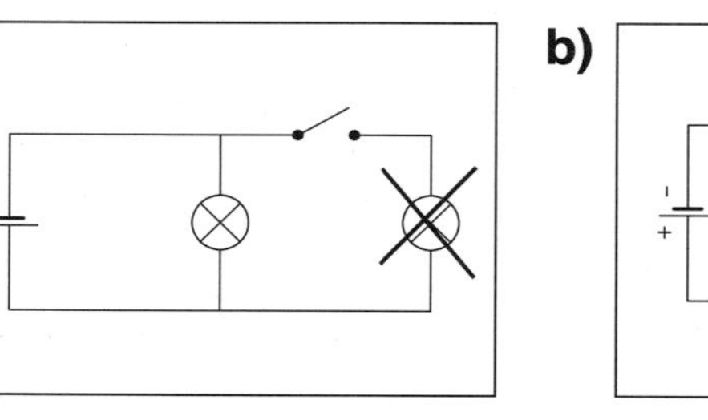
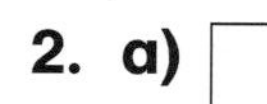
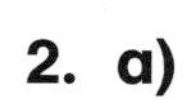

b) 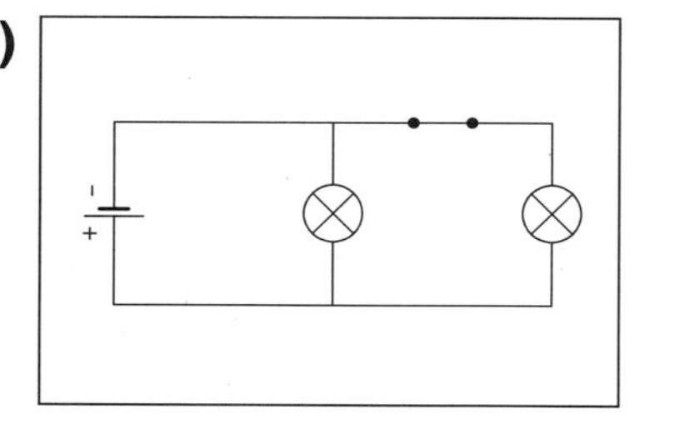
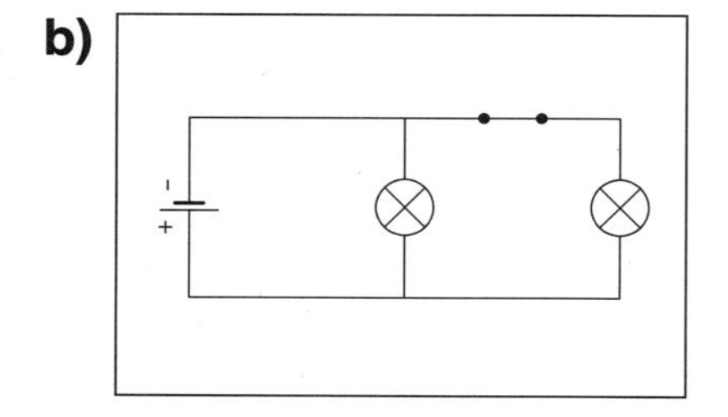
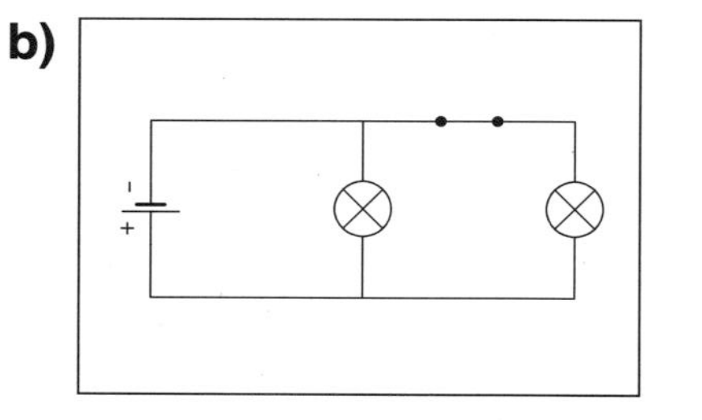
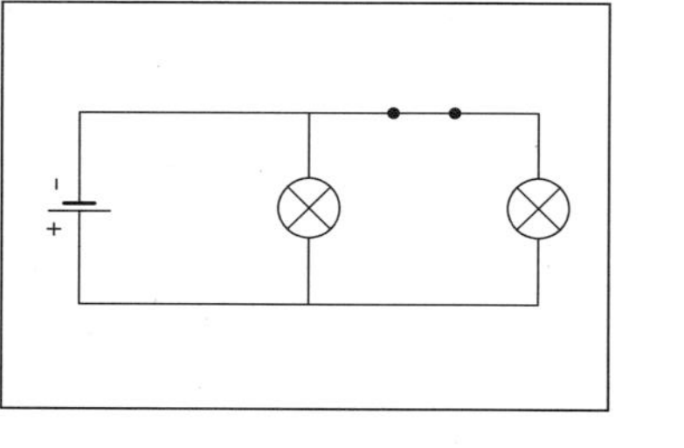
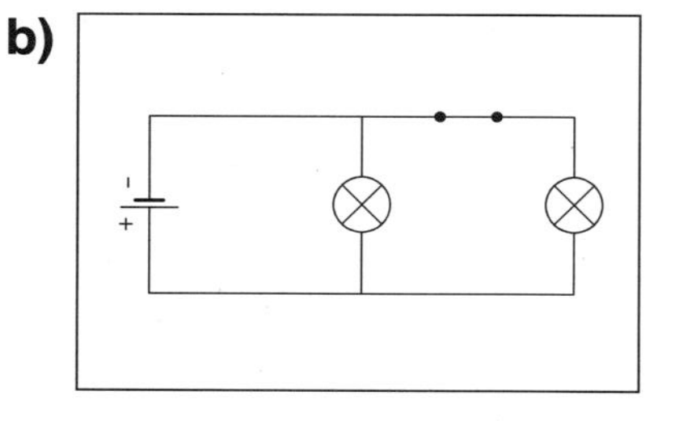

3.
- Wenn in der _Reihenschaltung_ eine Lampe kaputt ist, leuchtet die andere Lampe nicht.
- Wenn in der _Parallelschaltung_ eine Lampe kaputt ist, leuchtet die andere Lampe weiter.

4. ☐ 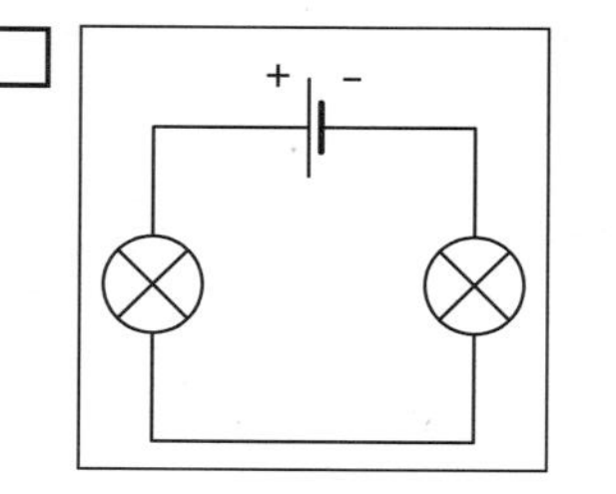

☒ 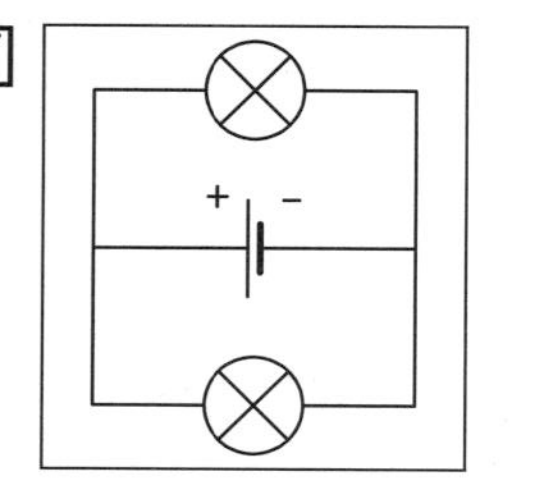
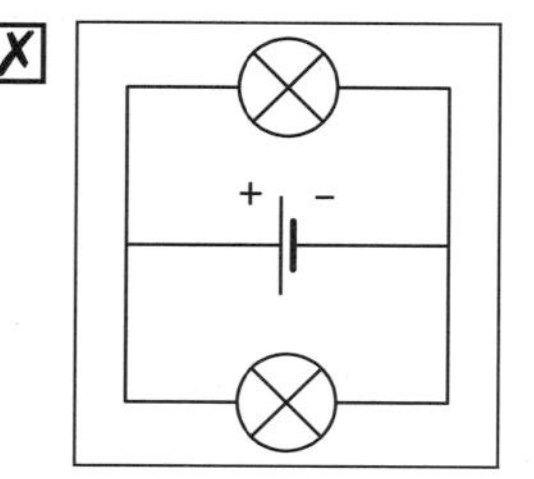

☒ 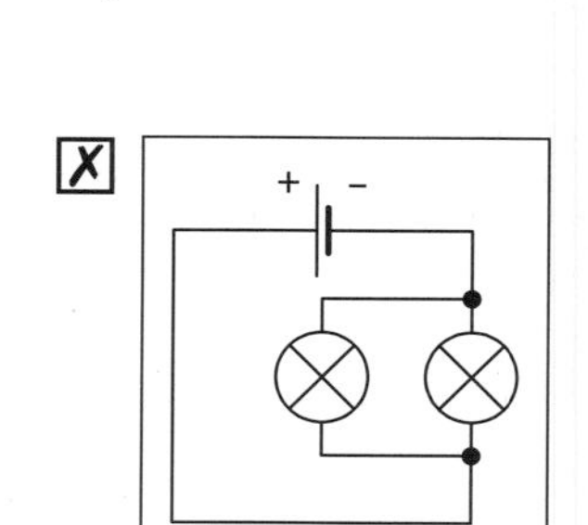

Wirkungen

Wirkungen		
		das Becherglas die Bechergläser *the beaker glass*

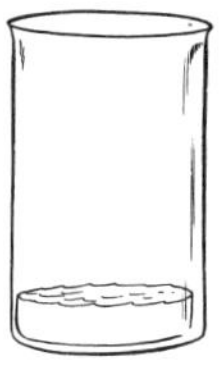

Wirkungen		
		die Blase die Blasen *the bubble*

Wirkungen		
	chemisch *chemical*	die Chemie – *the chemistry*

Wirkungen		
		die Kohle die Kohlen *the coal*

Wirkungen		
		der Stab die Stäbe *the rod*

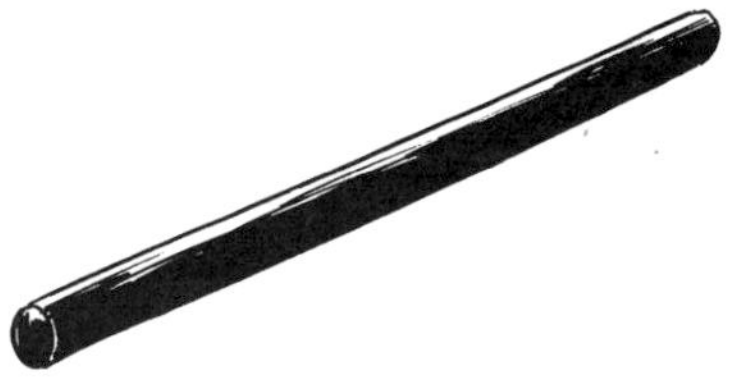

Die Wirkungen des elektrischen Stroms

1. Schreibe die richtigen Wörter unter die Bilder:

Wärmewirkung, Lichtwirkung, chemische Wirkung, magnetische Wirkung

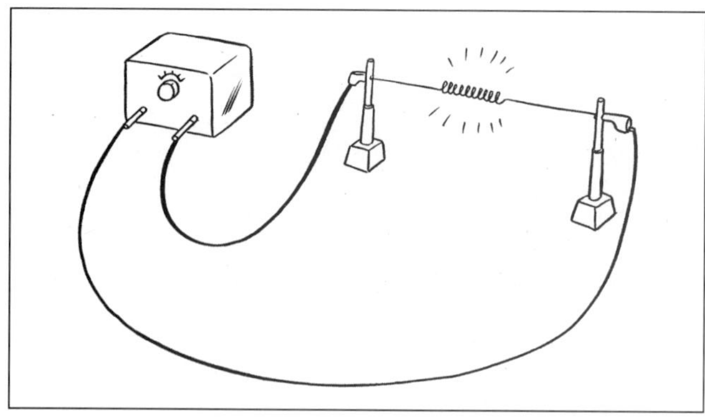

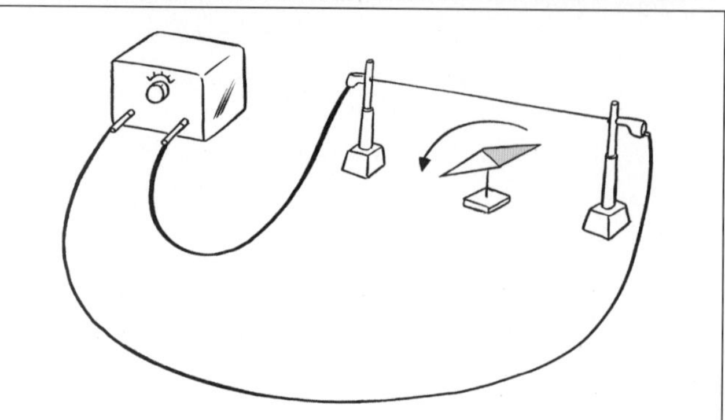

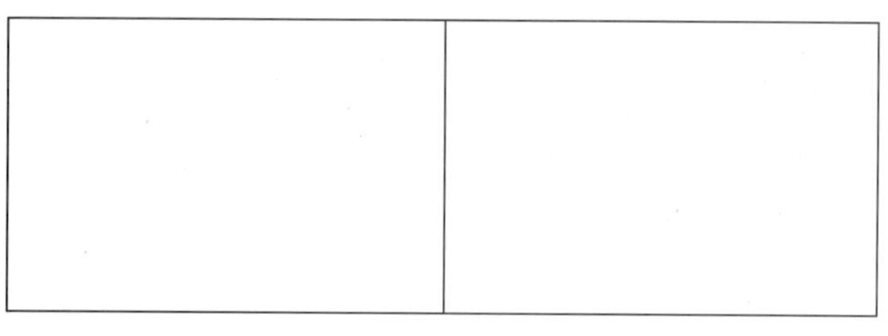

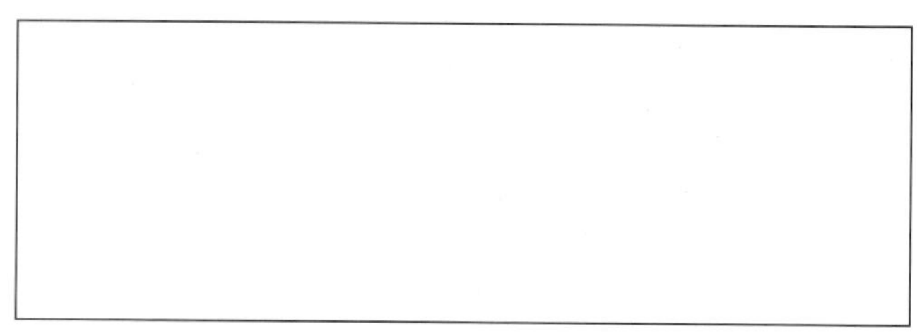

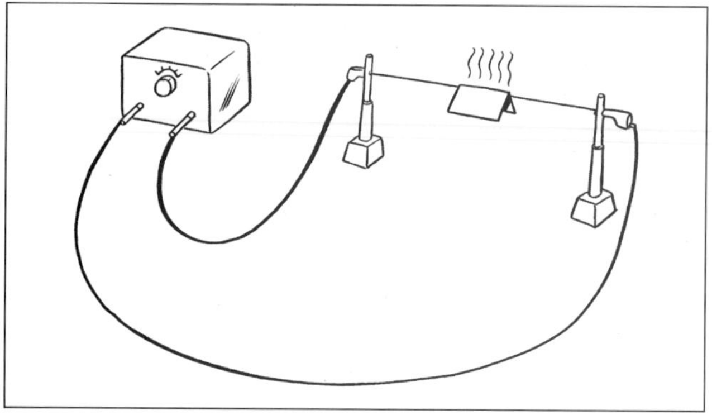

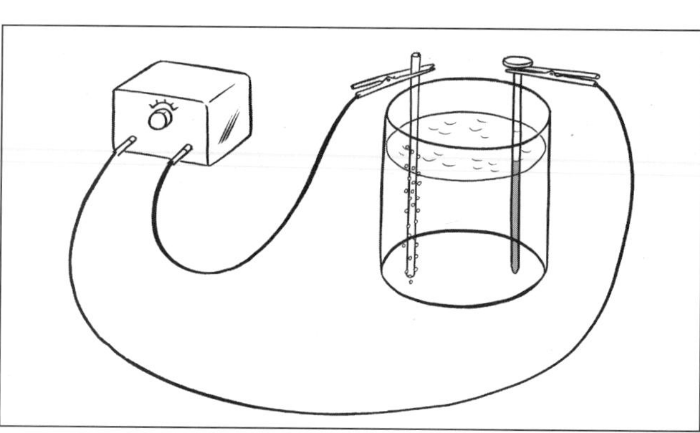

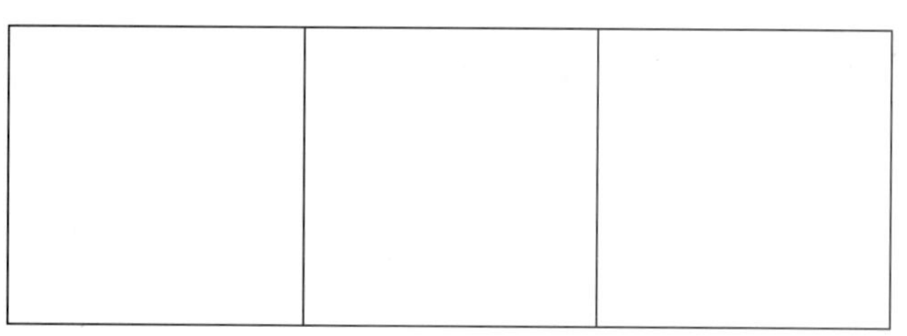

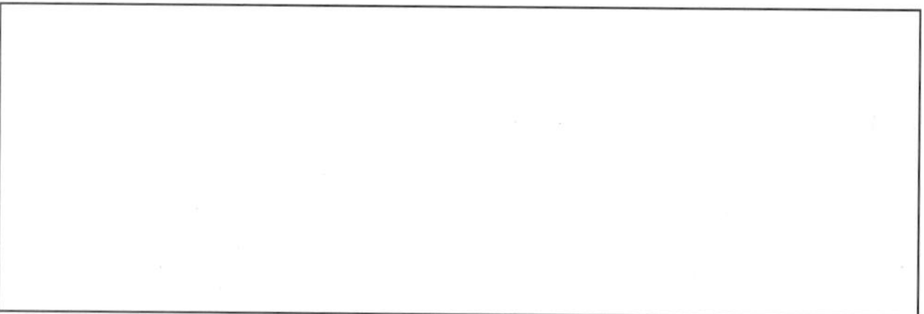

2. Schneide (→ ausschneiden) die Bilder unten (↓) aus. Ordne (→ zuordnen) die Bilder der richtigen Wirkung des elektrischen Stroms zu.

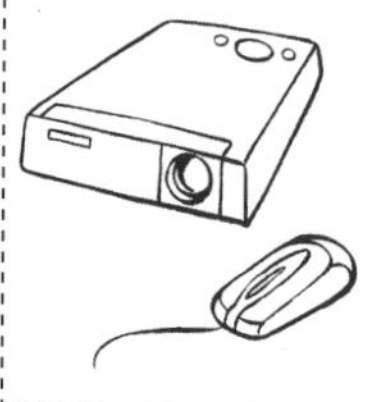

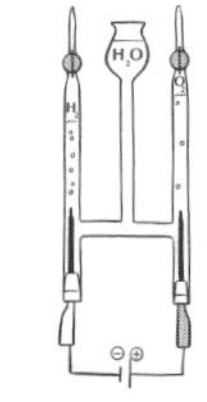

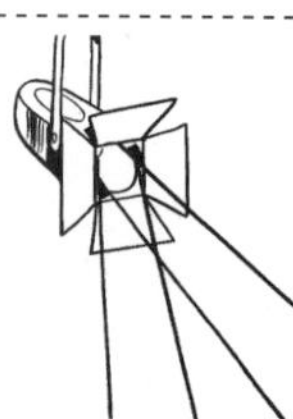

Wirkungen

- Versuch: Die chemische Wirkung des elektrischen Stroms
- Material: Sieh (→ sehen) dir das Bild an.
  Beschrifte das Bild mit den richtigen Wörtern: Kohle-Stab, Netzgerät, Kabel, Flüssigkeit (Kupfersalz-Lösung), Becherglas

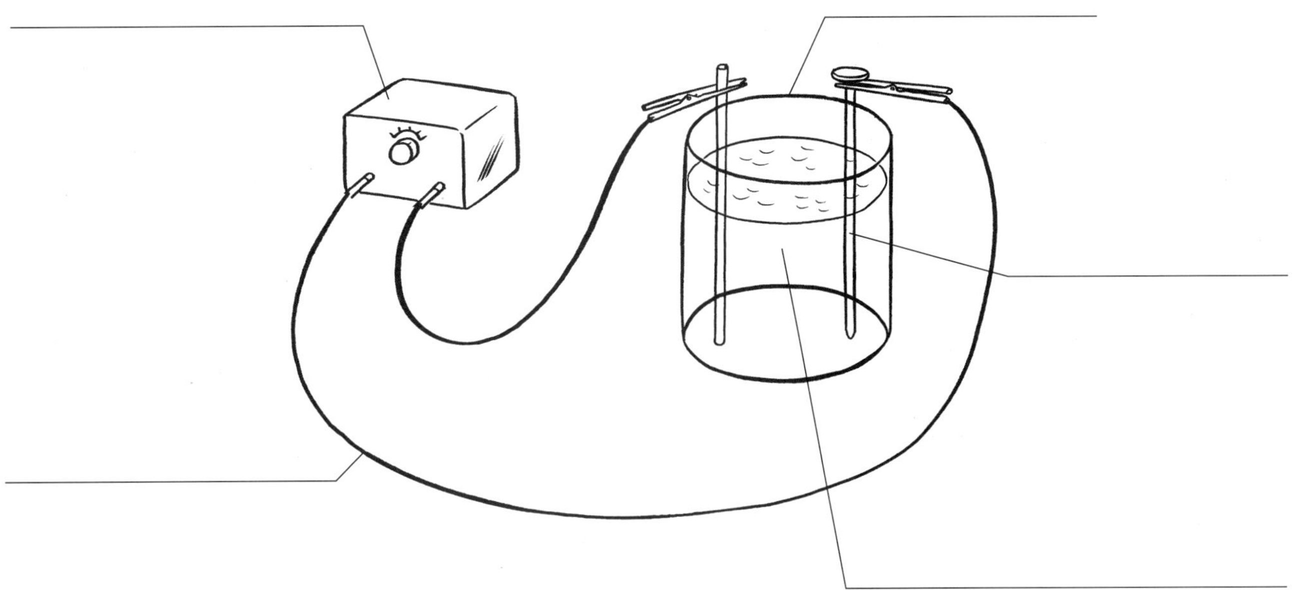

- Aufbau und Durchführung: Baue (→ aufbauen) den Versuch wie im Bild auf. Schalte (→ einschalten) den elektrischen Strom ein.
- Beobachtung: Zeichne deine Beobachtung in das Bild.

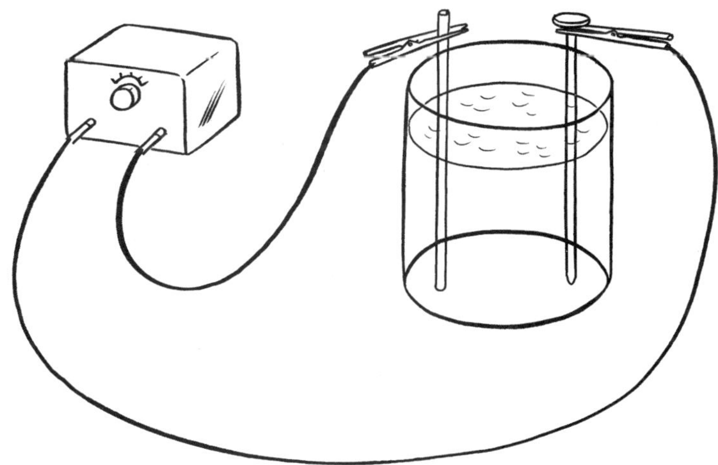

- Ergebnis: Schreibe die richtigen Wörter in die Lücken: Kohle-Stab – Flüssigkeit – Blasen

Die ____________________ leitet den elektrischen Strom. An einem Kohle-Stab bilden sich ____________________. Der andere ____________________ wird braun.

Wirkungen

1./2.

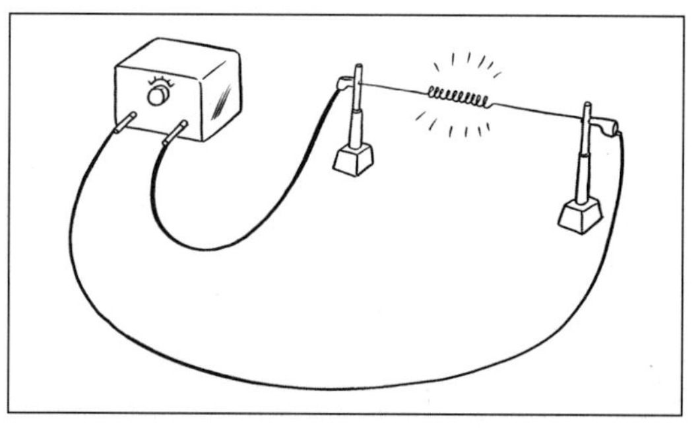

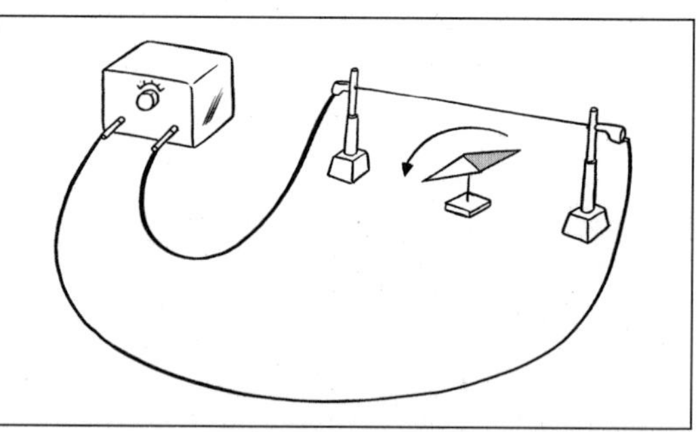

Lichtwirkung

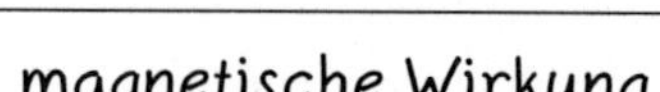

magnetische Wirkung

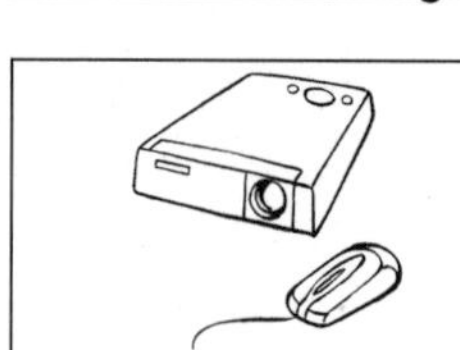

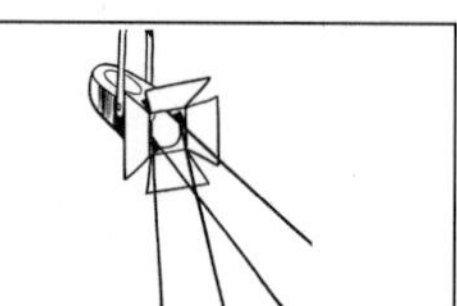

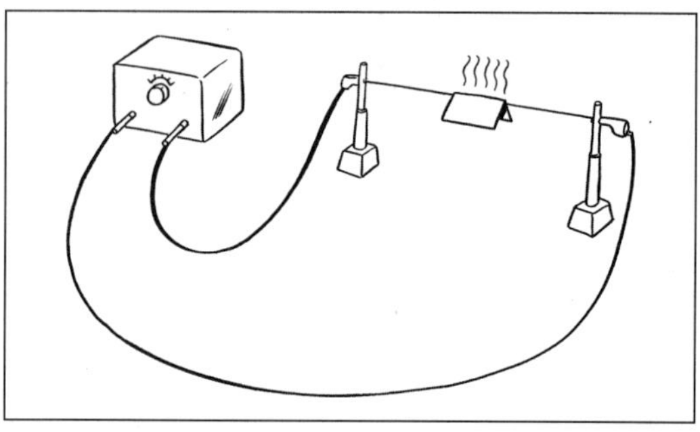

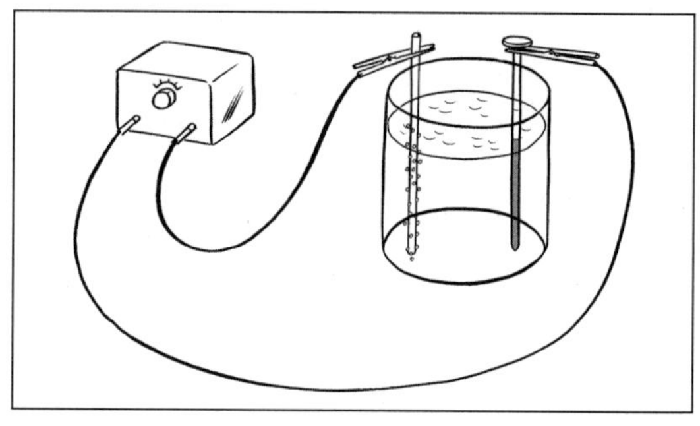

Wärmewirkung

chemische Wirkung

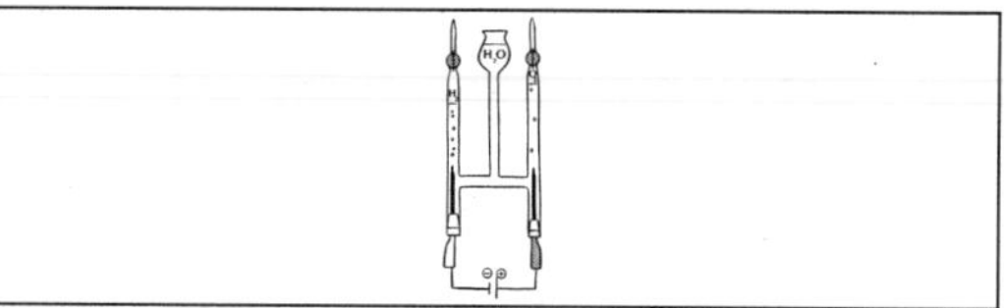

- Beobachtung:

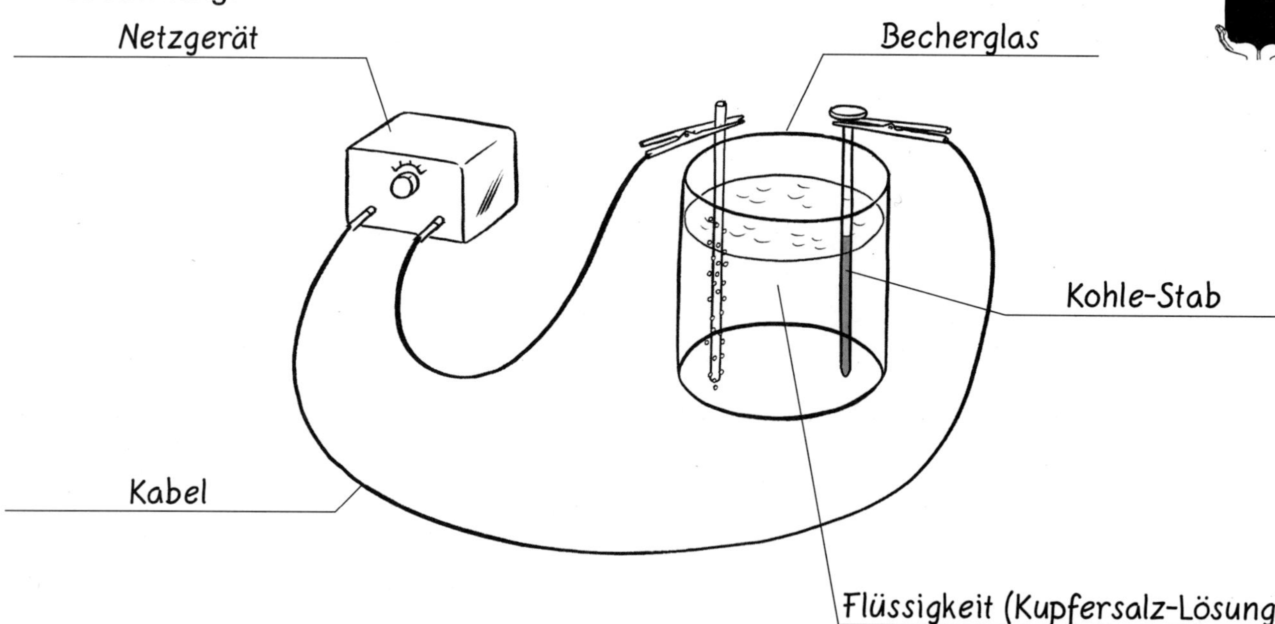

- Ergebnis: Die Flüssigkeit leitet den elektrischen Strom. An einem Kohle-Stab bilden sich Blasen. Der andere Kohle-Stab wird braun.

Gefahren

Gefahren

		der Föhn die Föhne *the hairdryer*

Gefahren

	nass *wet*	

Gefahren

	sicher *safe*	**die Sicherheit** die Sicherheiten *the safety*

Gefahren

		der Stecker die Stecker *the plug*

Gefahren

ziehen zieh! *to pull*		die Ziehung die Ziehungen *the draw*

Gefahren

1. a) Welches Verhalten ist gefährlich? Male (→ anmalen) die gefährlichen Bilder rot an.

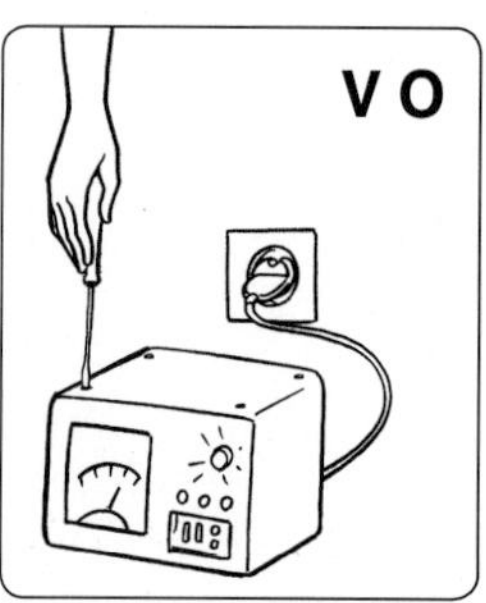

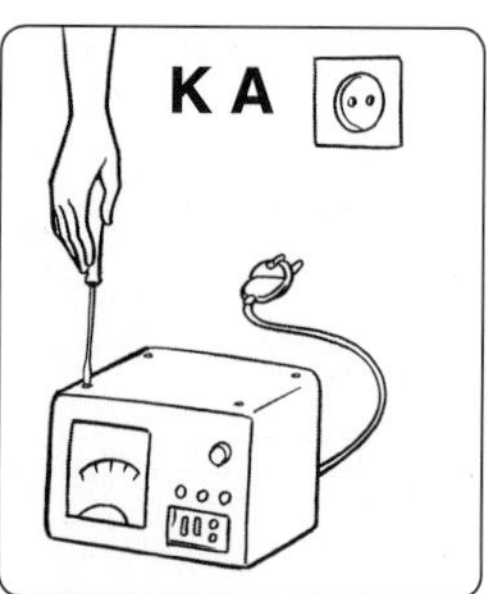

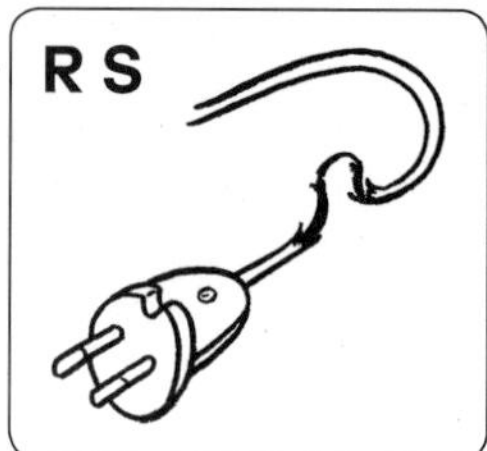

b) Schreibe das rote Lösungswort auf die Linien.

___ ___ ___ ___ ___ ___ ___ ___

Sicherer Umgang mit Elektrogeräten

2. a) Wie verhältst du dich richtig? Verbinde die richtigen Kästchen.

Ich ziehe den Stecker	sondern ich ziehe am Stecker.
Ich benutze den Föhn	aus der Steckdose.
Ich ziehe nicht am Kabel,	das Kabel kaputt ist.
Ich schalte (→ einschalten) den Toaster nicht ein, wenn	nicht mit nassen Händen oder auf nassem Boden.

b) Schreibe die Sätze.

____

____

____

____

____

Gefahren

1. a)

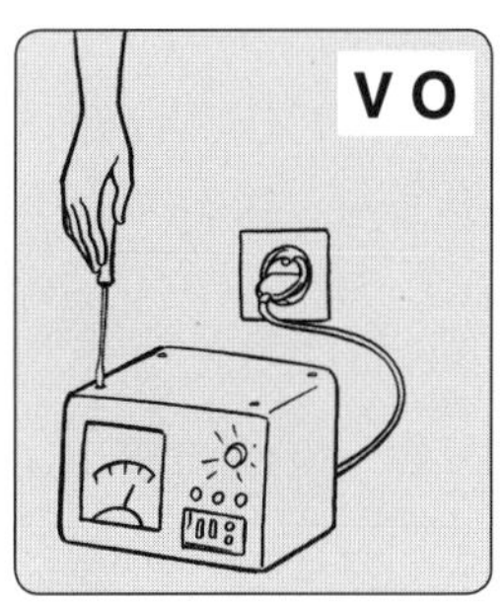

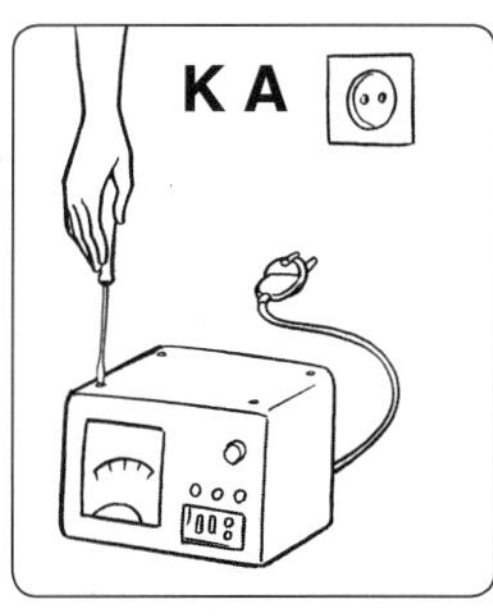

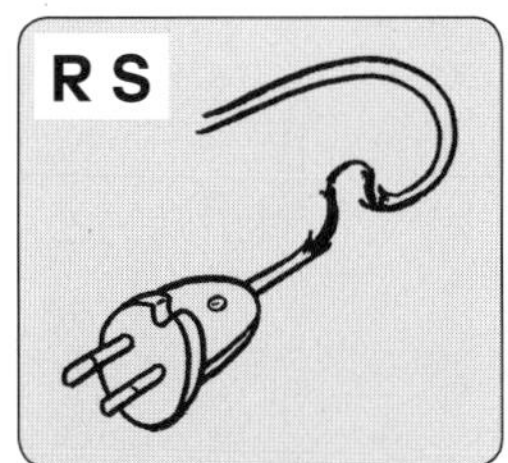

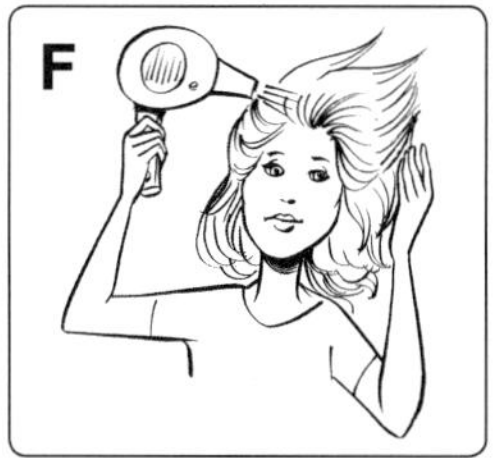

b) VORSICHT

2. a)

Ich ziehe den Stecker	sondern ich ziehe am Stecker.
Ich benutze den Föhn	aus der Steckdose.
Ich ziehe nicht am Kabel,	das Kabel kaputt ist.
Ich schalte (→ einschalten) den Toaster nicht ein, wenn	nicht mit nassen Händen oder auf nassem Boden.

b) Ich ziehe den Stecker aus der Steckdose.
Ich ziehe nicht am Kabel, sondern ich ziehe am Stecker.
Ich schalte den Toaster nicht ein, wenn das Kabel kaputt ist.
Ich benutze den Föhn nicht mit nassen Händen oder auf nassem Boden.

Magnetismus

Magnetismus		
abstoßen stoß ab! *to repel*		**die Abstoßung** die Abstoßungen *the repulsion*

S N ←→ N S

Magnetismus		
anziehen zieh an! *to attract*		die Anziehung die Anziehungen *the attraction*

S N →← S N

Magnetismus		
		der Nordpol die Nordpole *the north pole*

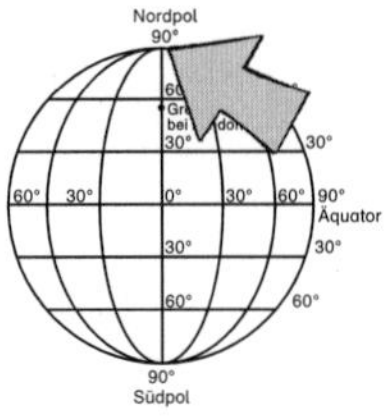

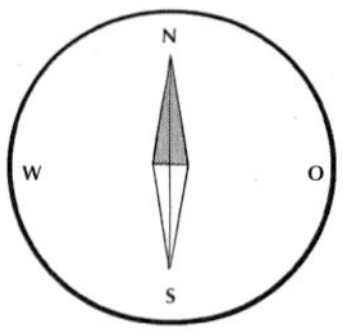

Magnetismus		
		der Pol die Pole *the pole*

Magnetismus		
		der Südpol die Südpole *the south pole*

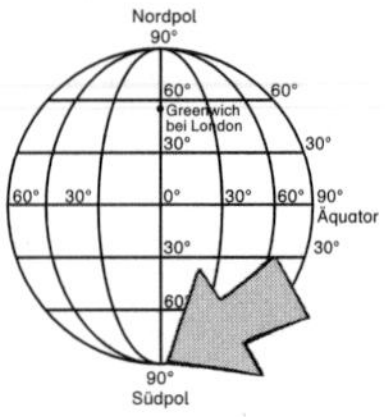

Magnetismus

1. a) Male (→ anmalen) unten (↓) den Nordpol des Magneten rot und den Südpol grün an.

b) Welche Materialien zieht (→ anziehen) der Magnet an?
Verbinde die richtigen Bilder mit dem Magneten.

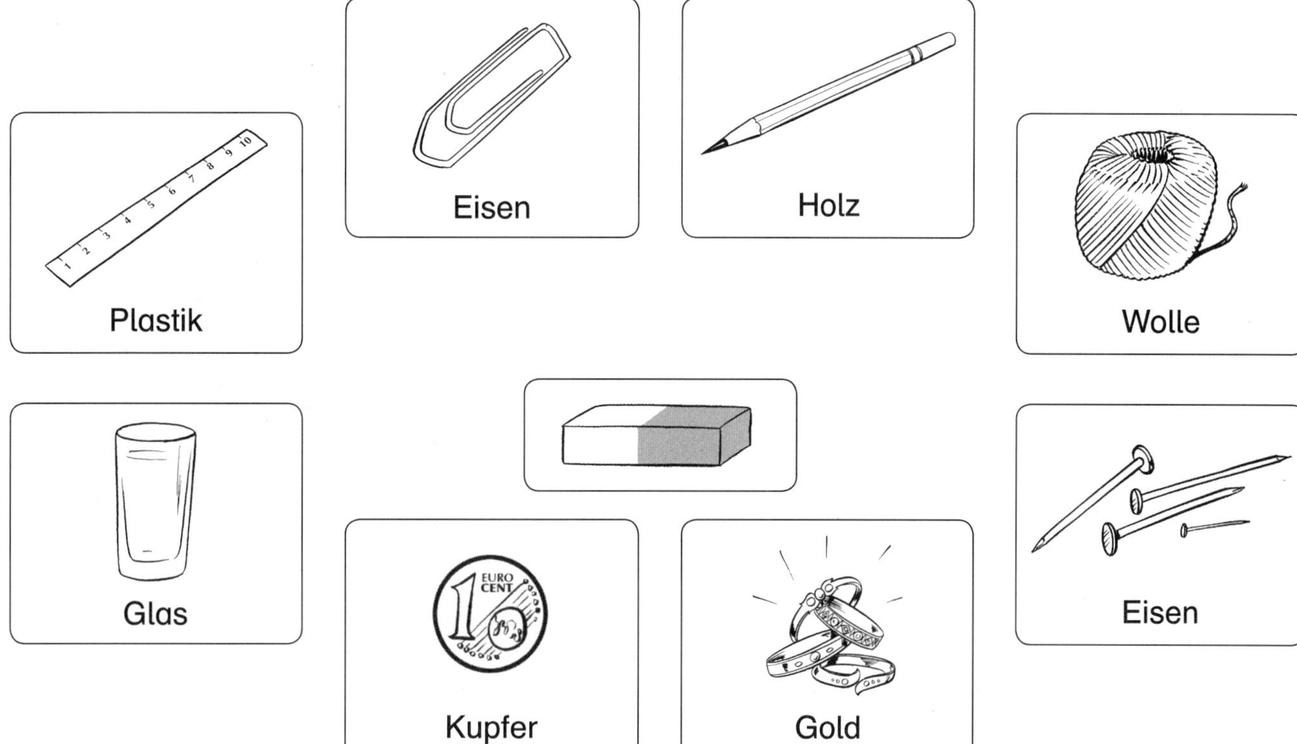

2. Frage: Wo ist die Kraft des Magneten am größten (→ groß)?

- Aufbau und Durchführung:

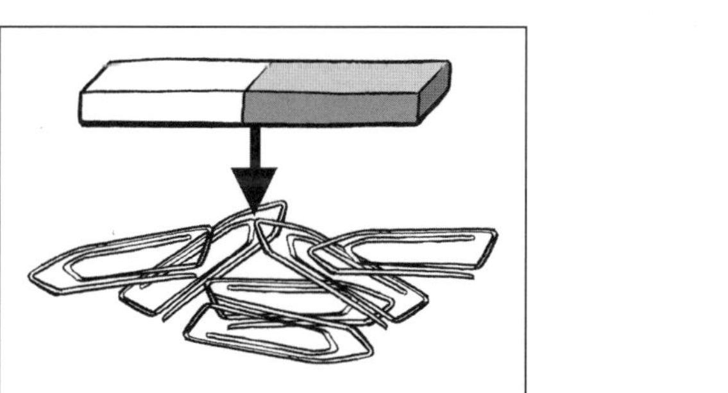

- Beobachtung: Zeichne deine Beobachtung in das Bild.

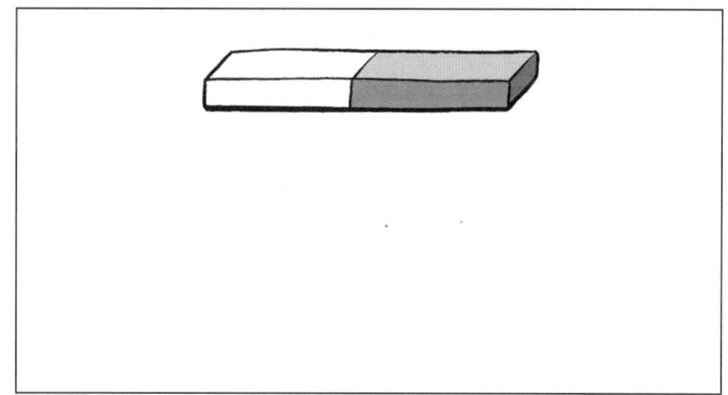

3. Schreibe die richtigen Wörter in die Lücken:

Eisen, Kraft, Südpol, Enden, Nordpol, Pole

Ein Magnet hat 2 ____________.

Die Enden eines Magneten heißen __________.

Ein Magnet hat einen ____________ und einen ____________.

An den Polen ist die ____________ des Magneten am größten (→ groß).

Ein Magnet zieht (→ anziehen) Gegenstände aus ____________, Nickel oder Kobalt an.

Anziehung und Abstoßung

1. a) Male (→ anmalen) in den Bildern den Nordpol rot und den Südpol grün an.

b) Welche Pole der Magneten ziehen (→ anziehen) sich gegenseitig an? Welche Pole stoßen (→ abstoßen) sich ab? Kreuze (→ ankreuzen) an.

	S N – N S	N S – S N	S N – S N	N S – N S
anziehen				
abstoßen				

2. Schreibe die richtigen Wörter in die Lücken: Gleiche – Verschiedene

____________________ Pole ziehen (→ anziehen) sich an.

____________________ Pole stoßen (→ abstoßen) sich ab.

3. Male (→ anmalen) die Pole der Magneten in der richtigen Farbe an.

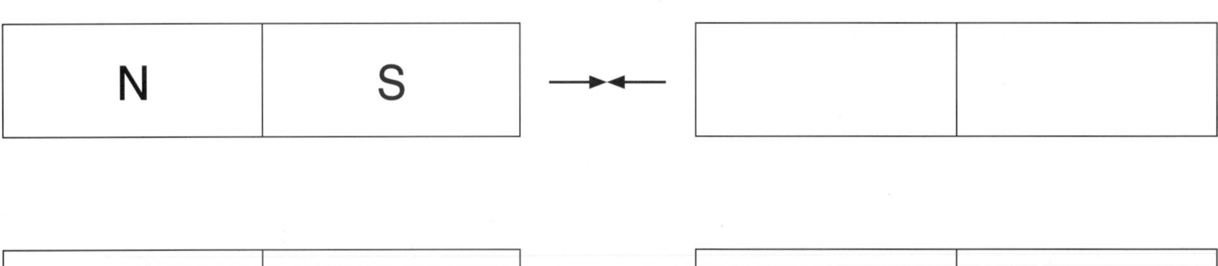

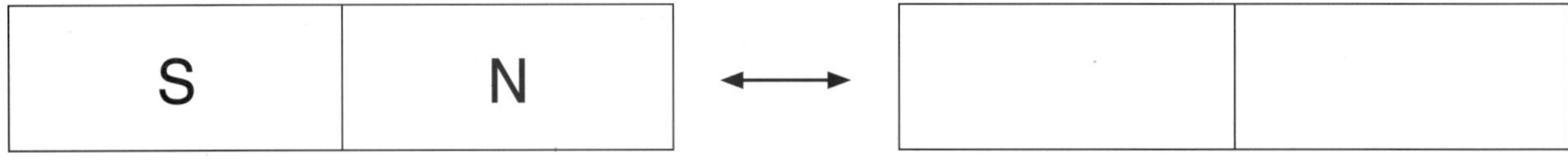

S N

Lösung

Magnetismus

1.

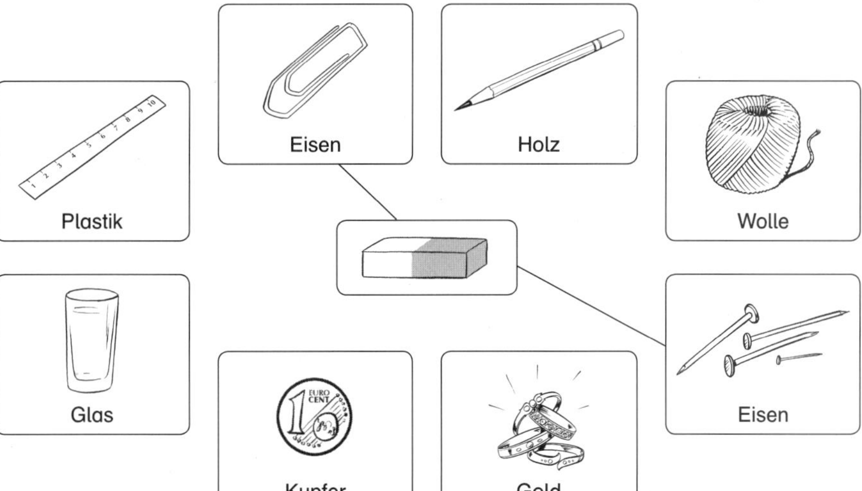

2.

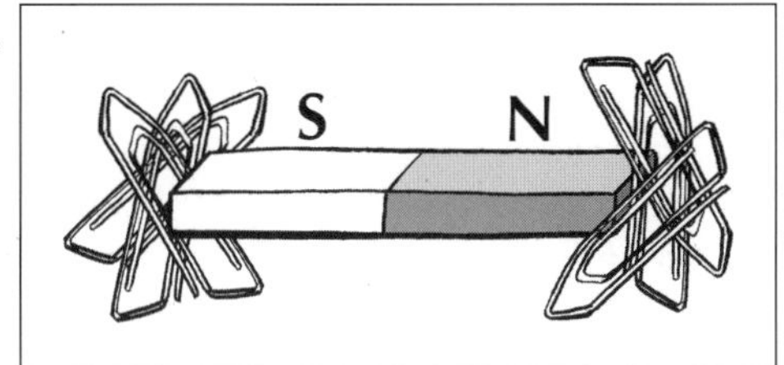

3. Ein Magnet hat 2 *Enden*.
Die Enden eines Magneten heißen *Pole*.
Ein Magnet hat einen *Nordpol* und einen *Südpol*.
An den Polen ist die *Kraft* des Magneten am größten (→ groß).
Ein Magnet zieht (→ anziehen) Gegenstände aus *Eisen*, Nickel oder Kobalt an.

1.

	S N – N S	N S – S N	S N – S N	N S – N S
anziehen			✗	✗
abstoßen	✗	✗		

2. *Verschiedene* Pole ziehen (→ anziehen) sich an.
Gleiche Pole stoßen (→ abstoßen) sich ab.

3.

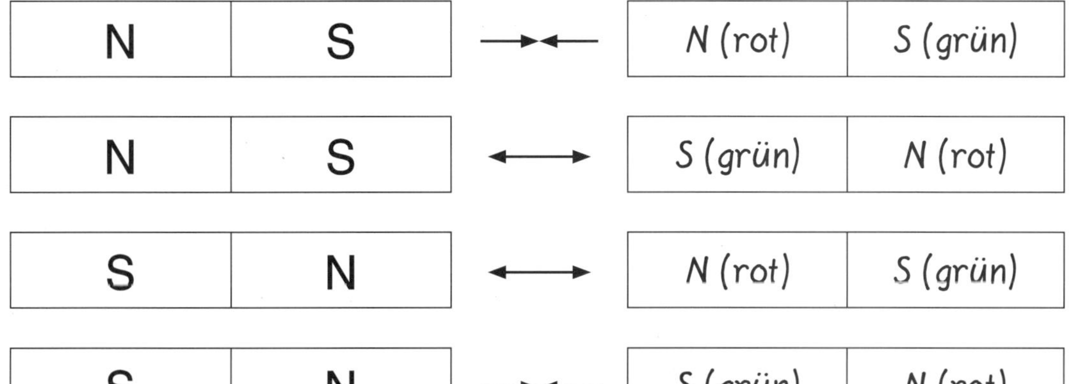

Magnetisierbarkeit

Magnetisierbarkeit

drehen drehe! *to rotate*		die Drehung die Drehungen *the rotation*

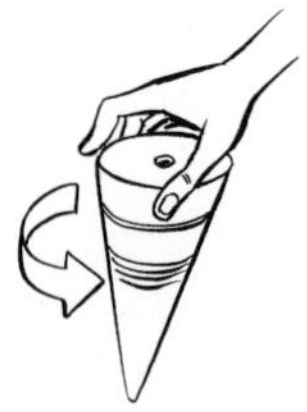

Magnetisierbarkeit

halten halte! *to hold*		

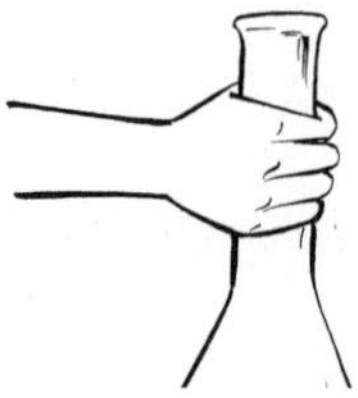

Magnetisierbarkeit

schlagen schlag! *to beat*		der Schlag die Schläge *the beat*

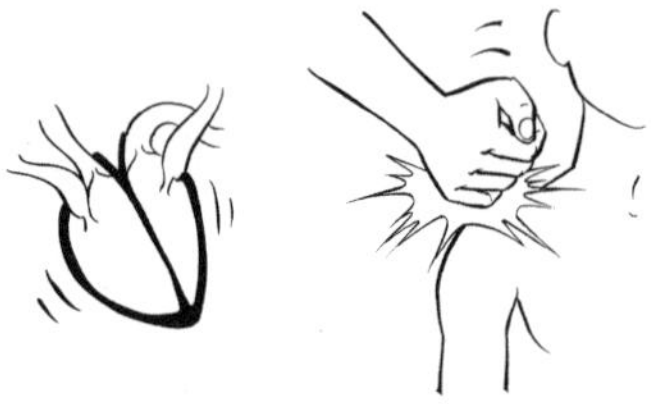

Magnetisierbarkeit

		der Stab die Stäbe *the rod*

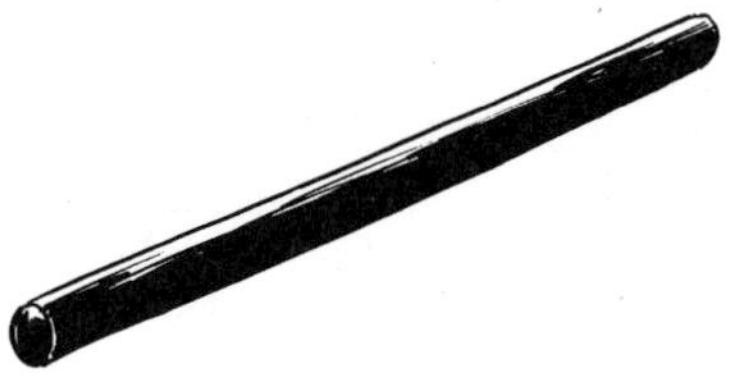

Magnetisierbarkeit

streichen streiche! *to stroke*		

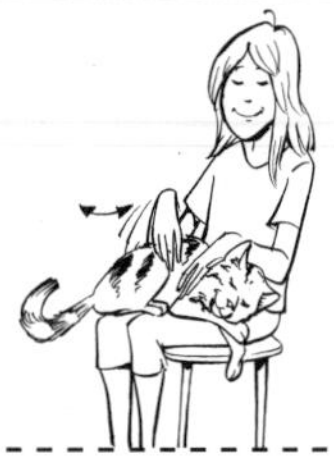

Magnetisierbarkeit

- Versuch: Wann ist der Eisennagel magnetisch?
- Material:

Magnet | Büroklammer | Eisennagel (lang)

- Aufbau und Durchführung:

a) Halte den Eisennagel an die Büroklammer.

- Beobachtung: Zeichne ein Bild.
- Ergebnis: Kreuze (→ ankreuzen) an. Der Eisennagel ist magnetisch.

☐ Ja. ☐ Nein.

b) Streiche mit dem Magneten 10mal in die gleiche Richtung über den Eisennagel. Halte den Eisennagel an die Büroklammer.

- Beobachtung: Zeichne ein Bild.
- Ergebnis: Kreuze (→ ankreuzen) an. Der Eisennagel ist magnetisch.

☐ Ja. ☐ Nein.

c) Schlage den Eisennagel kräftig auf den Tisch. Halte den Eisennagel an die Büroklammer.

- Beobachtung: Zeichne ein Bild.
- Ergebnis: Kreuze (→ ankreuzen) an. Der Eisennagel ist magnetisch.

☐ Ja. ☐ Nein.

Das Elementarmagnetmodell

1. Sieh (→ sehen) dir das Bild zum Elementarmagnetmodell an.
Schreibe die richtigen Wörter in die Lücken:

> verschiedene, nicht magnetisch, Richtungen, Elementarmagnete, magnetisch, gleiche, Magnete

So stellen (→ vorstellen) wir uns die Magnetisierung eines Eisenstabs vor:

Der Eisenstab verhält (→ verhalten) sich wie viele kleine ________________.

Die kleinen Magnete heißen ____________________________.

Die Elementarmagnete können sich in alle ________________ drehen.

Wenn der Eisenstab ________________________________ ist, zeigen die Elementarmagnete in ____________________ Richtungen.

Wenn der Eisenstab ________________ ist, sind die Elementarmagnete geordnet (→ ordnen). Sie zeigen alle in die ________________ Richtung.

- Versuch: Wann ist der Eisennagel magnetisch?

a) Ergebnis: Der Eisennagel ist magnetisch.
☐ Ja. ☒ Nein.

b) Ergebnis: Der Eisennagel ist magnetisch.
☒ Ja. ☐ Nein.

c) Ergebnis: Der Eisennagel ist magnetisch.
☐ Ja. ☒ Nein.

1.

So stellen (→ vorstellen) wir uns die Magnetisierung eines Eisenstabs vor:

Der Eisenstab verhält (→ verhalten) sich wie viele kleine *Magnete*.

Die kleinen Magnete heißen *Elementarmagnete*.

Die Elementarmagnete können sich in alle *Richtungen* drehen.

Wenn der Eisenstab *nicht magnetisch* ist, zeigen die Elementarmagnete in *verschiedene* Richtungen.

Wenn der Eisenstab *magnetisch* ist, sind die Elementarmagnete geordnet (→ ordnen). Sie zeigen alle in die *gleiche* Richtung.

Masse und Gewichtskraft

Masse und Gewichtskraft

		die Erde – *the earth*

Masse und Gewichtskraft

		der Federkraftmesser die Federkraftmesser *the spring balance*

Masse und Gewichtskraft

		das Kilogramm die Kilogramme *the kilogramme*

Masse und Gewichtskraft

		die Masse die Massen *the mass*

Masse und Gewichtskraft

		das Messgerät die Messgeräte *the measuring instrument*

Masse und Gewichtskraft

		der Mittelpunkt die Mittelpunkte *the center*

Masse und Gewichtskraft

wiegen wiege! *to weigh*		**die Waage** die Waagen *the scales*

Masse und Gewichtskraft

1. Sieh (→ sehen) dir die Bilder an. Beschrifte die Bilder mit den richtigen Wörtern.
Wörter, die dir helfen: Waage, Masse, Gewichtskraft, Kilogramm, Newton, Federkraftmesser

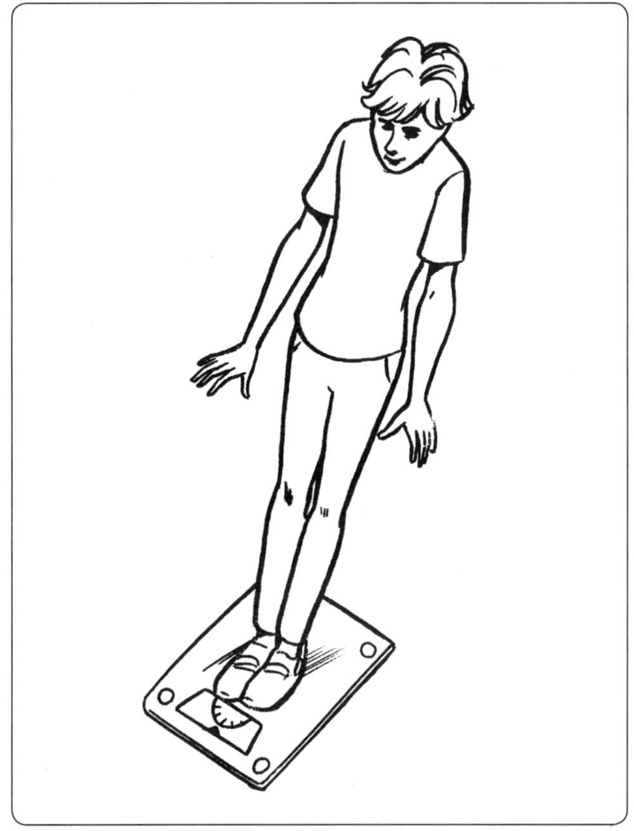

Messgerät: ______

______ = 50 ______ (50 kg)

Messgerät: ______

______ = 500 ______ (500 N)

2. a) So rechnest du Masse in Gewichtskraft um:

Masse = 100 Gramm (100 g) → Gewichtskraft = 1 Newton (1 N)

b) Schreibe die richtigen Zahlen in die Lücken.

Masse = 1 000 Gramm (g) → Gewichtskraft = ______

Masse = 6 Kilogramm (kg) → Gewichtskraft = ______

Masse = 5 000 Kilogramm (kg) → Gewichtskraft = ______

Masse und Gewichtskraft

1. a) Sieh (→ sehen) dir die Bilder an.

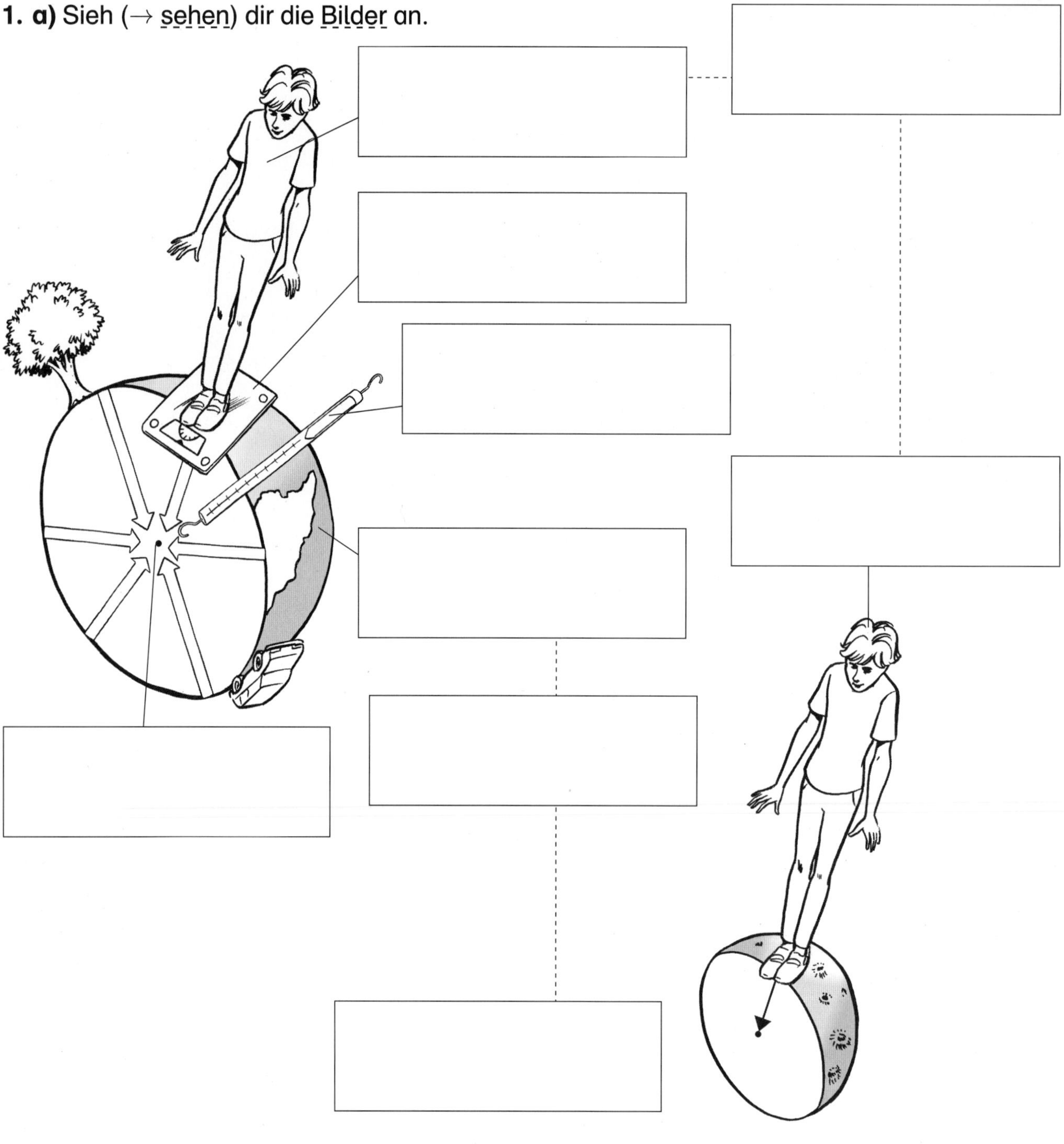

b) Schneide (→ ausschneiden) die Kästchen unten (↓) aus. Ordne (→ zuordnen) die Sätze den richtigen Kästchen zu.

Ahmet wiegt 48 Kilogramm (48 kg).	Auf Ahmet wirkt die Gewichtskraft von 480 Newton (480 N).	Die Gewichtskraft wirkt zum Mittelpunkt der Erde.
Die Gewichtskraft ist auf der Erde größer (→ groß) als auf dem Mond.	Die Masse ist auf dem Mond und der Erde gleich groß.	Die Waage zeigt die Masse.
Der Federkraftmesser misst die Gewichtskraft.	Masse = 48 Kilogramm (48 kg)	Gewichtskraft = 78 Newton (78 N)

Masse und Gewichtskraft

1.

Messgerät: *Waage*

Masse = 50 *Kilogramm* (50 kg)

Messgerät: *Federkraftmesser*

Gewichtskraft = 500 *Newton* (500 N)

2. b)

Masse = 1 000 Gramm (g) → Gewichtskraft = *10 N*

Masse = 6 Kilogramm (kg) → Gewichtskraft = *60 N*

Masse = 5 000 Kilogramm (kg) → Gewichtskraft = *50 000 N*

1. b)

Ahmet wiegt 48 Kilogramm (48 kg).

Masse = 48 Kilogramm (48 kg)

Die Waage zeigt die Masse.

Der Federkraftmesser misst die Gewichtskraft.

Die Masse ist auf dem Mond und der Erde gleich groß.

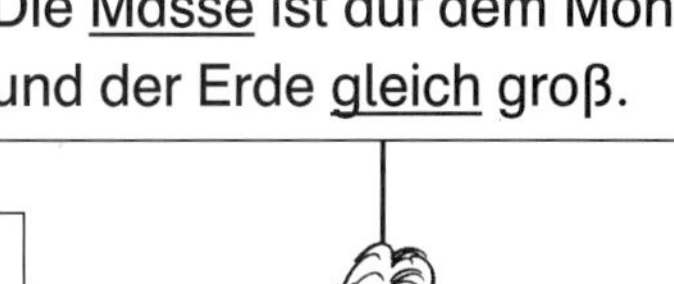

Auf Ahmet wirkt die Gewichtskraft von 480 Newton (480 N).

Die Gewichtskraft wirkt zum Mittelpunkt der Erde.

Die Gewichtskraft ist auf der Erde größer (→ groß) als auf dem Mond.

Gewichtskraft = 78 Newton (78 N)

Hebel

Hebel			Hebel		
		der Arm die Arme *the arm*	**drehen** drehe! *to rotate*		die Drehung die Drehungen *the rotation*

Hebel			Hebel		
		das Gleichgewicht die Gleichgewichte *the balance*			**der Hebel** die Hebel *the lever*

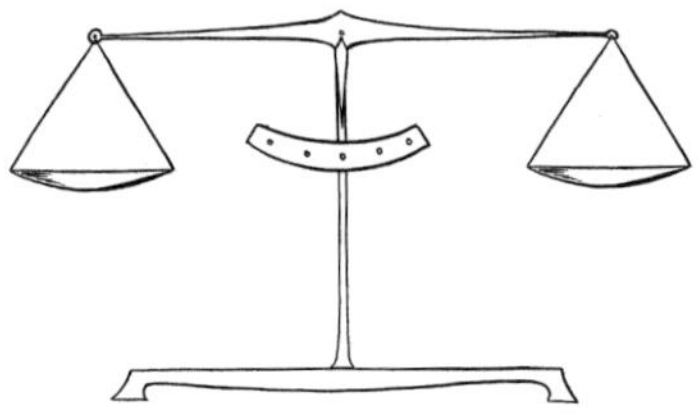

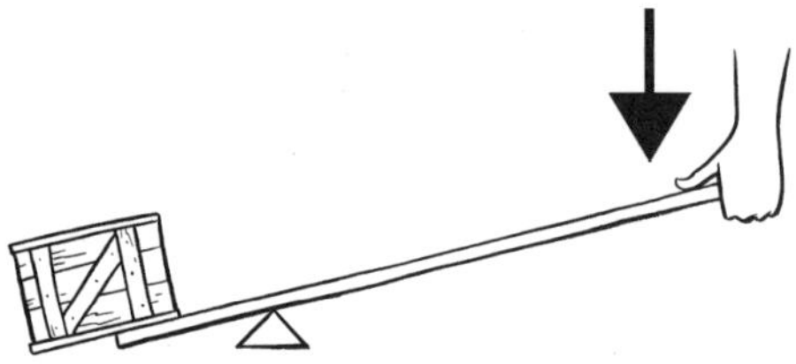

Hebel			Hebel		
	lang *long*	**die Länge** die Längen *the length*	belasten belaste! *to burden*		**die Last** die Lasten *the load*

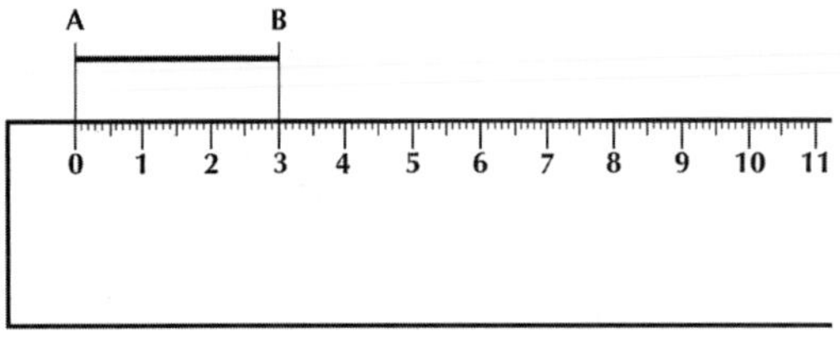

A B
0 1 2 3 4 5 6 7 8 9 10 11

Hebel			Hebel		
		das Produkt die Produkte *the product*	**sparen** spare! *to save*		

$3 \cdot 5 = \boxed{15}$

Wert des Produkts

Hebel

1. Schneide (→ ausschneiden) die Bilder unten (↓) aus.

2. Ordne (→ zuordnen) die Bilder der richtigen Spalte zu. Klebe sie in die Tabelle.

Einseitige Hebel	**Zweiseitige Hebel**

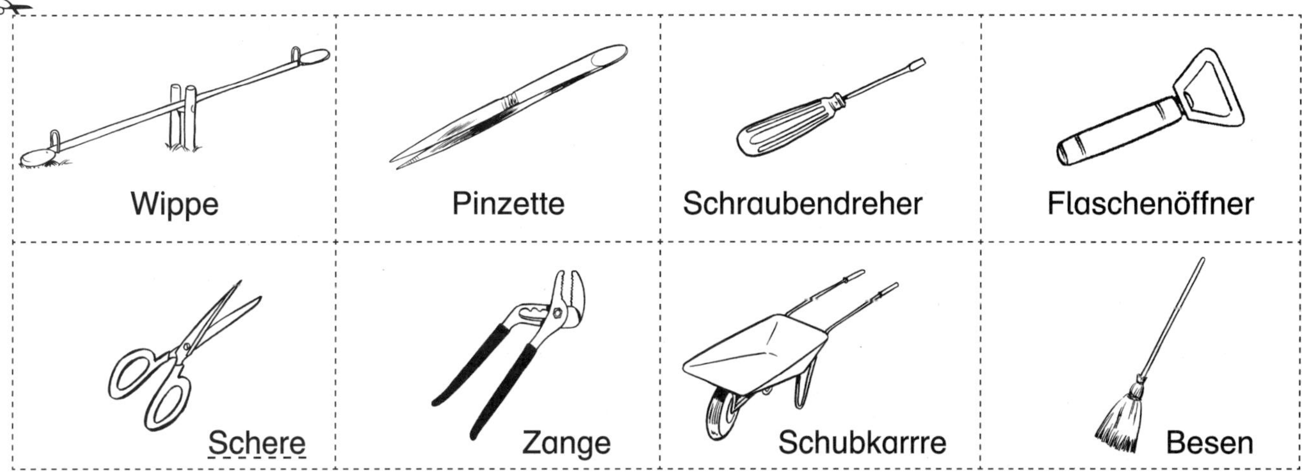

1. Beschrifte das Bild mit den richtigen Wörtern: Last, Drehachse, Kraft, Lastarm, Kraftarm

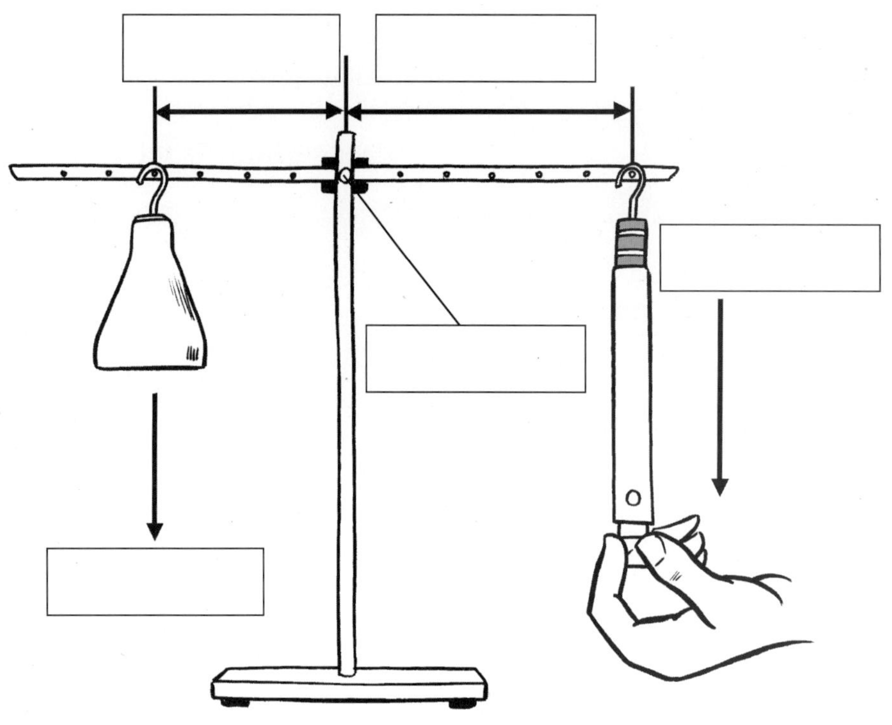

Das Hebelgesetz

Beispiel: Kraft · Kraftarm = Last · Lastarm
2 N · 1 m = 0,5 N · 4 m
2 Nm = 2 Nm

2. Schreibe die richtigen Wörter in die Lücken: Kraft, Kraftarms, lang, Lastarms

Ein Hebel ist im Gleichgewicht, wenn das Produkt aus Kraft und Länge des ________________ genauso groß ist wie das Produkt aus Last und Länge des ____________________.

Mit dem Hebel kannst du __________ sparen, wenn der Kraftarm __________ und der Lastarm kurz ist.

3. Ali und Tom experimentieren im Physikunterricht. Der Hebel soll im Gleichgewicht sein. Wo muss die Last mit der Gewichtskraft von 1 N hängen? Zeichne in das Bild.

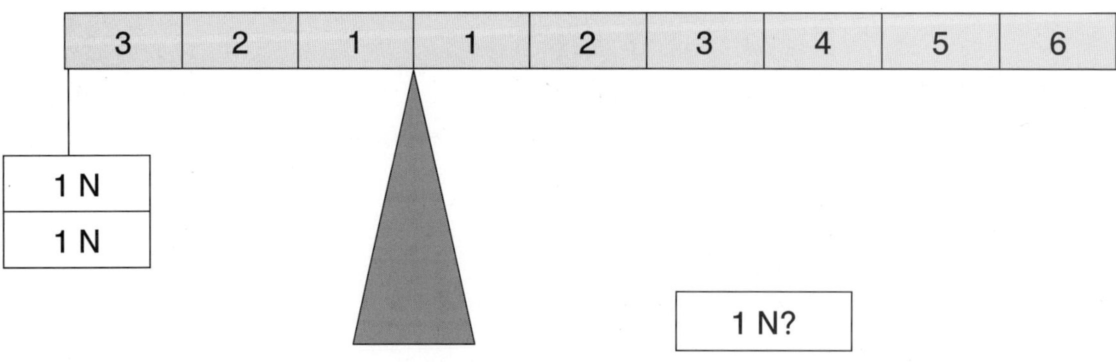

1.

Lastarm

Kraftarm

Drehachse

Kraft

Last

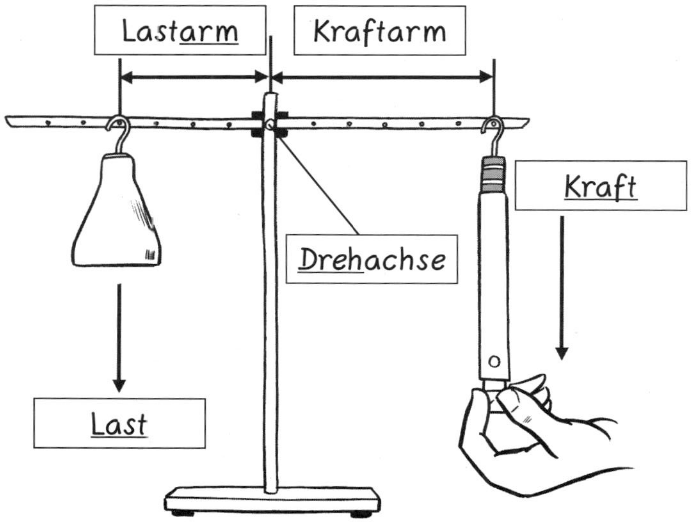

2. Ein Hebel ist im Gleichgewicht, wenn das Produkt aus Kraft und Länge des Kraftarms genauso groß ist wie das Produkt aus Last und Länge des Lastarms.
Mit dem Hebel kannst du Kraft sparen, wenn der Kraftarm lang und der Lastarm kurz ist.

3.

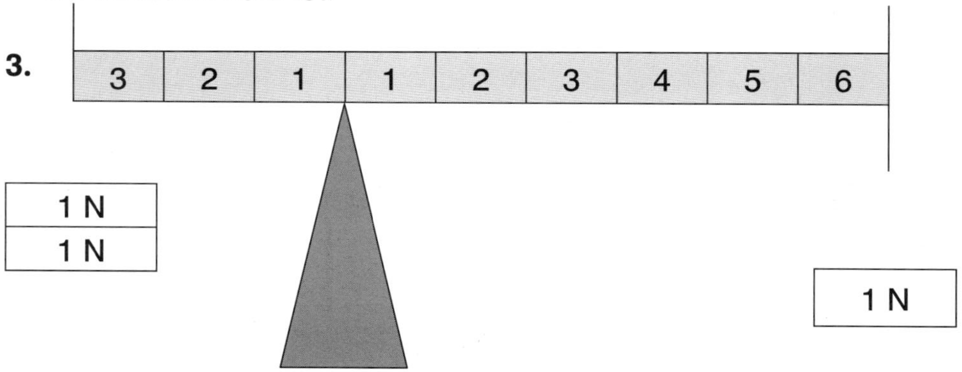

3	2	1	1	2	3	4	5	6

1 N

1 N

1 N

1.

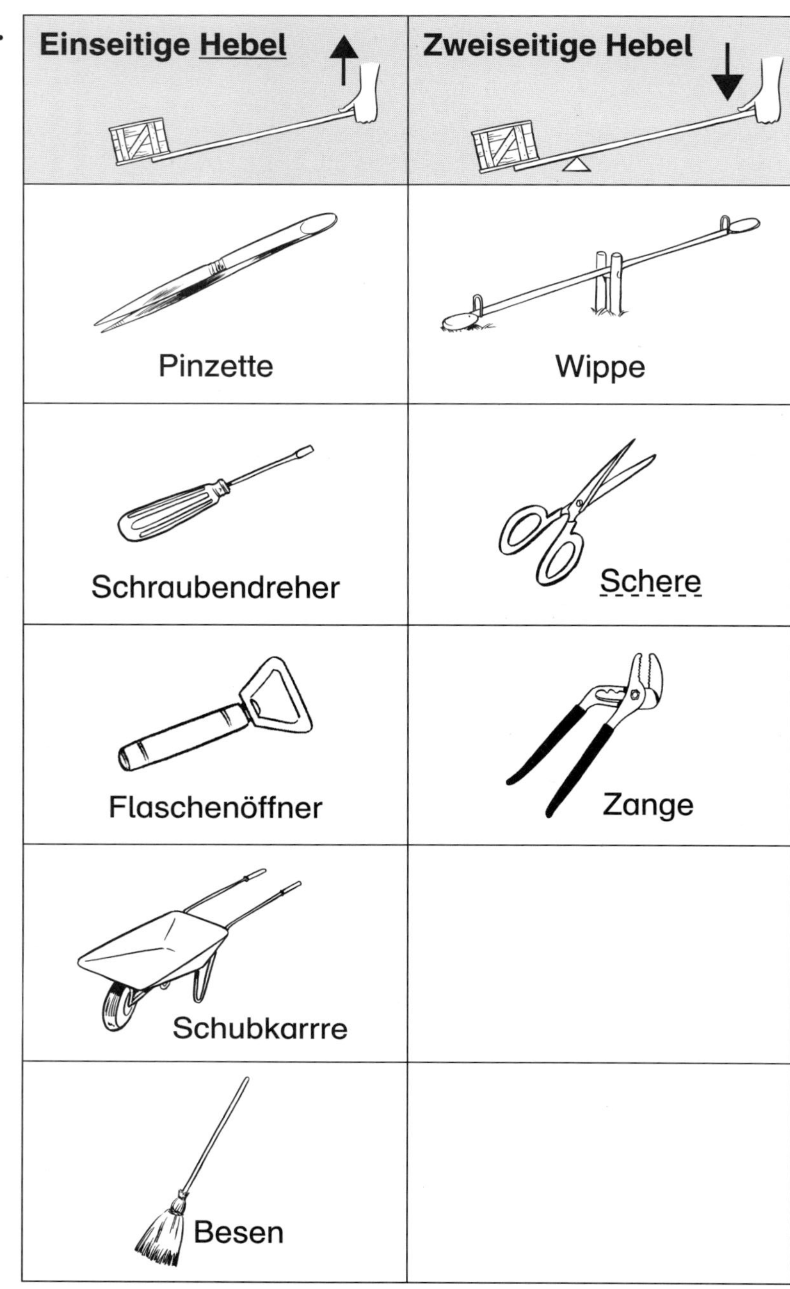

Einseitige Hebel	Zweiseitige Hebel
Pinzette	Wippe
Schraubendreher	Schere
Flaschenöffner	Zange
Schubkarrre	
Besen	

Geschwindigkeit

Geschwindigkeit		
		die Einheit die Einheiten *the unit*

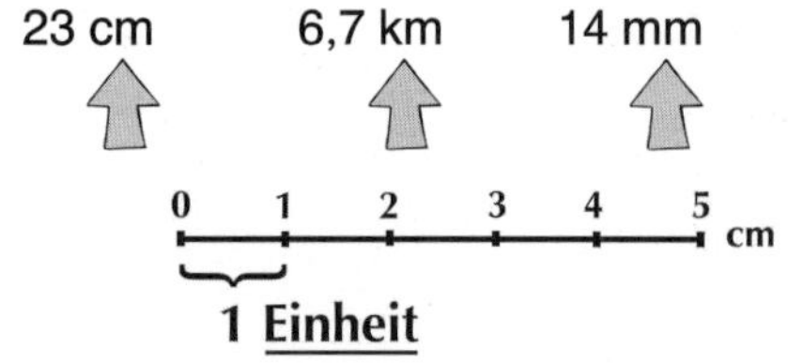

23 cm 6,7 km 14 mm 3 m

0 1 2 3 4 5 cm

1 Einheit

Geschwindigkeit		
laufen lauf! *to run*		**der Läufer** die Läufer *the runner*

Geschwindigkeit		
schwimmen schwimm! *to swim*		

Geschwindigkeit		
starten starte! *to start*		**der Start** die Starts *the start*

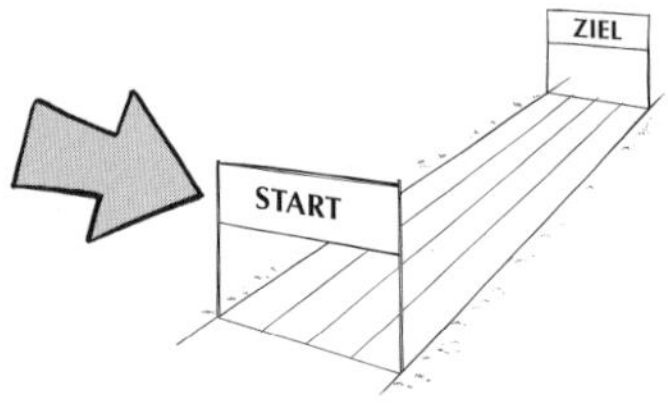

ZIEL

START

Geschwindigkeit		
stoppen stoppe! *to stop*		der Stopp die Stopps *the stop*

STOP

Geschwindigkeit		
		das Ziel die Ziele *the finish*

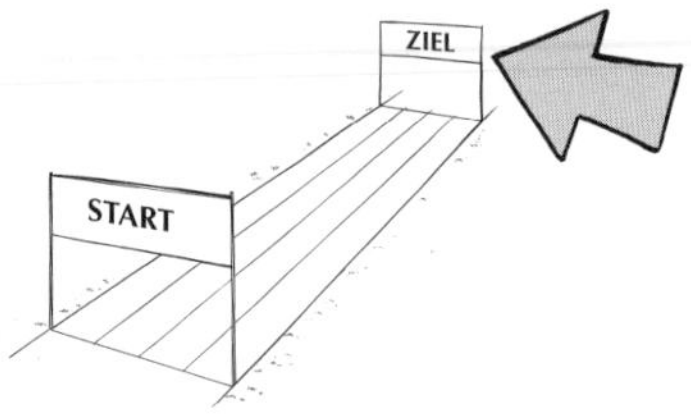

ZIEL

START

1. Frage: Wie schnell kannst du laufen?

- Material:

Stoppuhr

Mitschüler

- Aufbau und Durchführung: Ordne die Bilder in der richtigen Reihenfolge. Beschrifte sie mit den Zahlen 1–4.

◯ Der Schüler liest (→ lesen) die Zeit auf der Uhr ab.

◯ Der Schüler startet die Uhr.

◯ Du stellst dich an der Start-Linie auf.

◯ Der Schüler stoppt die Uhr, wenn du über die Ziel-Linie läufst (→ laufen).

- Beobachtung: Schreibe den Messwert in die Tabelle.

Weg	100 m (100 Meter)
Zeit	

- Ergebnis: Berechne (→ rechnen) deine Geschwindigkeit.

Geschwindigkeit = Weg : Zeit
Deine Geschwindigkeit = 100 m : ________ s = ________ $\frac{m}{s}$

2. Rechne deine Geschwindigkeit in die Einheit $\frac{km}{h}$ um.

______ $\frac{m}{s}$	$\xrightarrow{\cdot 3{,}6}$ / $\xleftarrow{:3{,}6}$	______ $\frac{km}{h}$

Geschwindigkeit

1. Der Läufer Usain Bolt aus Jamaika kann 100 Meter in 9,58 Sekunden laufen. Rechne die Geschwindigkeit in der Einheit $\frac{m}{s}$ aus. Schreibe die richtigen Zahlen in die Kästchen.

Geschwindigkeit = $\frac{\text{Weg}}{\text{Zeit}}$

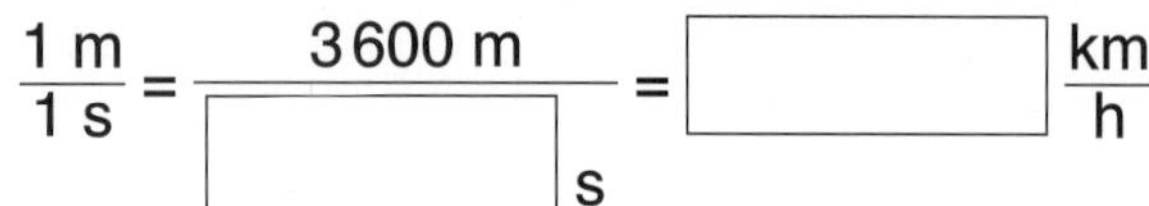

Geschwindigkeit = $\frac{\square\ m}{\square\ s} = \square\ \frac{m}{s}$

2. Rechne die Geschwindigkeit aus Aufgabe 1 in die Einheit $\frac{km}{h}$ um.

$\frac{1\ m}{1\ s} = \frac{3600\ m}{\square\ s} = \square\ \frac{km}{h}$

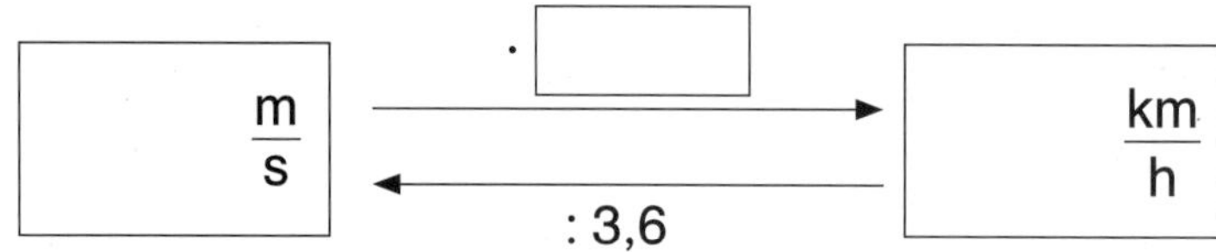

$\square\ \frac{m}{s}$ → · $\square$ → $\square\ \frac{km}{h}$

$\square\ \frac{km}{h}$ → : 3,6 → $\square\ \frac{m}{s}$

3. Der Läufer Dennis Kimetto aus Kenia lief (→ laufen) 2014 den Berlin-Marathon (42,159 km) in 2 Stunden 2 Minuten und 57 Sekunden.
Rechne die Geschwindigkeit von Dennis Kimetto in der Einheit $\frac{m}{s}$ aus.

2 h = ________ min = ________ s; 2 min = ________ s; 57 s → Zeit gesamt: ________ s

Geschwindigkeit = $\frac{\text{Weg}}{\text{Zeit}}$

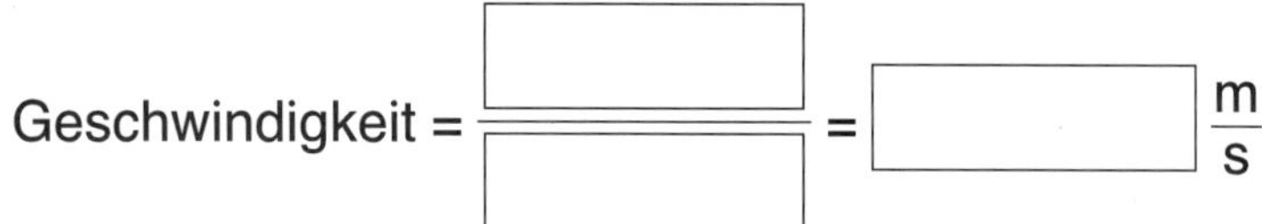

Geschwindigkeit = $\frac{\square}{\square} = \square\ \frac{m}{s}$

4. Welches Tier ist schneller (→ schnell)? Rechne die Geschwindigkeiten aus.

a) • Der Delfin kann in 1 Stunde 90 km schwimmen.

Geschwindigkeit = $\square\ \frac{km}{h}$

• Die Antilope kann 800 m in 33 s laufen.

Geschwindigkeit = $\frac{\square\ m}{\square\ s} = \square\ \frac{m}{s} = \square\ \frac{km}{h}$

b) Kreuze (→ ankreuzen) die richtige Lösung an.

☐ Der Delfin ist schneller als die Antilope.
☐ Die Antilope ist schneller als der Delfin.

1. • Aufbau und Durchführung:
   - (4) Der Schüler liest (→ lesen) die Zeit auf der Uhr ab.
   - (2) Der Schüler startet die Uhr.
   - (1) Du stellst dich an der Start-Linie auf.
   - (3) Der Schüler stoppt die Uhr, wenn du über die Ziel-Linie läufst (→ laufen).

   • Beobachtung:

Weg	100 m (100 Meter)
Zeit	*Individuelle Zeiten*

2. Individuelle Ergebnisse

1. Geschwindigkeit = $\frac{\text{Weg}}{\text{Zeit}}$

   Geschwindigkeit = $\frac{100 \text{ m}}{9{,}58 \text{ s}} = 10{,}44 \frac{\text{m}}{\text{s}}$

2. $\frac{1 \text{ m}}{1 \text{ s}} = \frac{3600 \text{ m}}{3600 \text{ s}} = 3{,}6 \frac{\text{km}}{\text{h}}$

   $10{,}44 \frac{\text{m}}{\text{s}}$ — $\cdot\, 3{,}6$ → $37{,}58 \frac{\text{km}}{\text{h}}$; ← $: 3{,}6$

   Geschwindigkeit = $10{,}44 \frac{\text{m}}{\text{s}} \cdot 3{,}6 = 37{,}58 \frac{\text{km}}{\text{h}}$

3. 2 h = 120 min = 7200 s; 2 min = 120 s; 57 s → Zeit gesamt: 7377 s

   Geschwindigkeit = $\frac{\text{Weg}}{\text{Zeit}}$

   Geschwindigkeit = $\frac{42\,159 \text{ m}}{7\,377 \text{ s}} = 5{,}71 \frac{\text{m}}{\text{s}}$

4. a) • Geschwindigkeit = $90 \frac{\text{km}}{\text{h}}$

   • Geschwindigkeit = $\frac{800}{33} \frac{\text{m}}{\text{s}} = 24{,}24 \frac{\text{m}}{\text{s}} = 87{,}26 \frac{\text{km}}{\text{h}}$

   b) ☒ Der Delfin ist schneller (→ schnell) als die Antilope.
   ☐ Die Antilope ist schneller als der Delfin.

Bewegungen

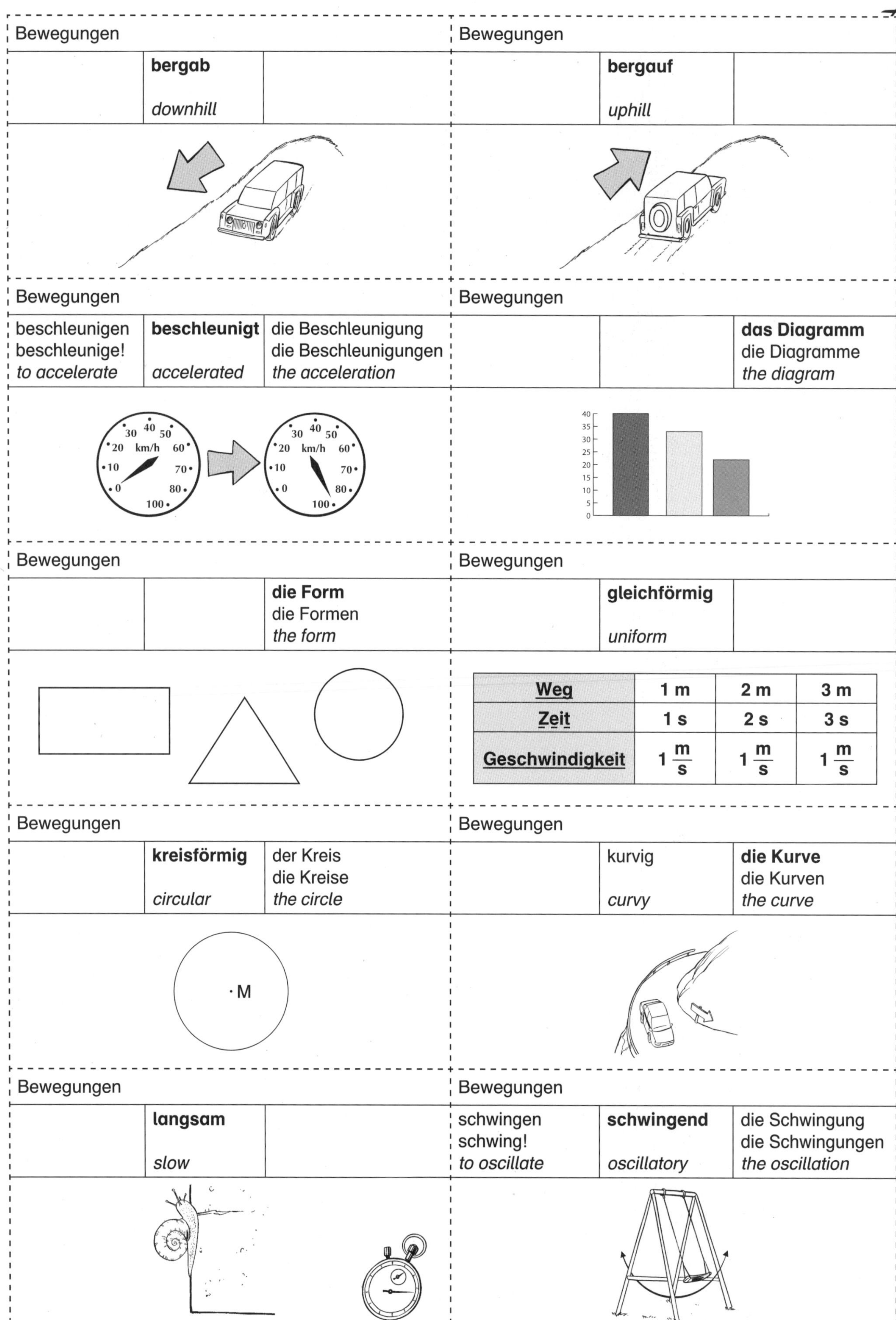

Bewegungen

	bergab *downhill*	

Bewegungen

	bergauf *uphill*	

Bewegungen

beschleunigen beschleunige! *to accelerate*	**beschleunigt** *accelerated*	die Beschleunigung die Beschleunigungen *the acceleration*

Bewegungen

		das Diagramm die Diagramme *the diagram*

Bewegungen

		die Form die Formen *the form*

Bewegungen

	gleichförmig *uniform*	

Weg	1 m	2 m	3 m
Zeit	1 s	2 s	3 s
Geschwindigkeit	$1 \frac{m}{s}$	$1 \frac{m}{s}$	$1 \frac{m}{s}$

Bewegungen

	kreisförmig *circular*	der Kreis die Kreise *the circle*

Bewegungen

	kurvig *curvy*	**die Kurve** die Kurven *the curve*

Bewegungen

	langsam *slow*	

Bewegungen

schwingen schwing! *to oscillate*	**schwingend** *oscillatory*	die Schwingung die Schwingungen *the oscillation*

Bewegungsformen

1. Wie ist die Bewegung? Verbinde die Bilder mit den richtigen Wörtern.

krummlinig

geradlinig

kreisförmig

schwingend

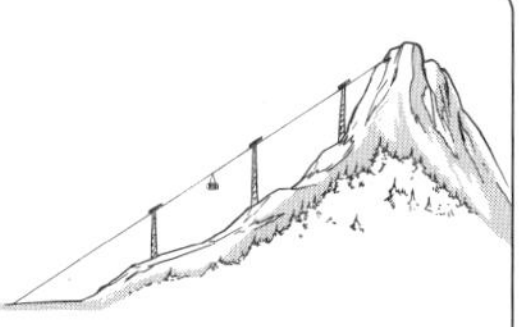

Bewegungsarten

2. Sieh (→ sehen) dir die Bilder an. Schreibe die richtigen Wörter in die Lücken: gleichförmig, beschleunigt, geradlinig, schneller (→ schnell), langsamer (→ langsam), Geschwindigkeit, Geschwindigkeit, Richtung

Die Rolltreppe bewegt sich ____________________ .

Die ____________________ ist gleich. Die Bewegung ist ____________________ .

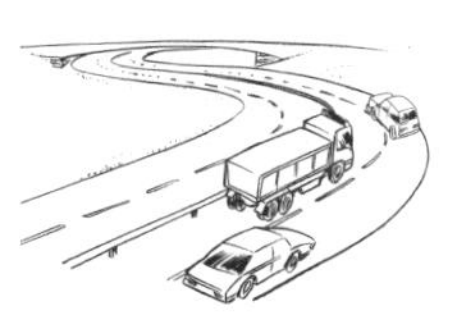

Das Auto ändert seine ____________________ , wenn es um eine Kurve fährt.

Das Auto fährt bergauf (↗) ____________________ und bergab (↘)

____________________ . Die ____________________ ändert sich.

Die Bewegung ist ____________________ .

3. Welche Bewegung ist gleichförmig? Welche Bewegung ist beschleunigt? Kreuze (→ ankreuzen) die richtige Lösung an.

gleichförmig				
beschleunigt				

Bewegungen

1. Julia läuft langsam zur Schule. An der Ampel bleibt sie stehen.
Es ist spät. Julia läuft schnell zur Schule.
Julia verliert ihre Mütze. Sie geht zurück und holt die Mütze.
Jetzt läuft Julia noch schneller (→ schnell) bis zur Schule.

Welches Diagramm ist richtig? Kreuze (→ ankreuzen) die richtige Lösung an.

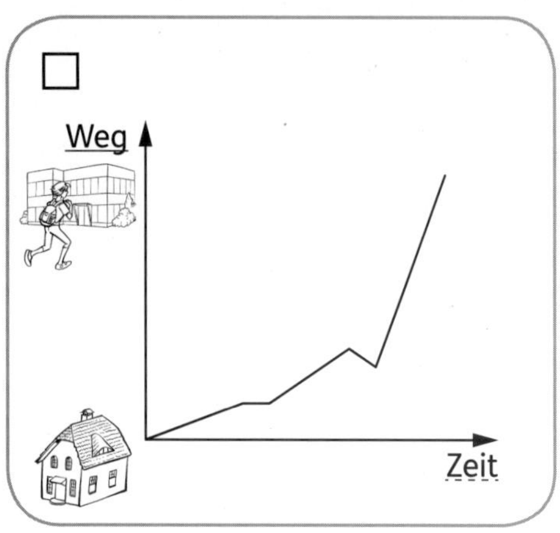

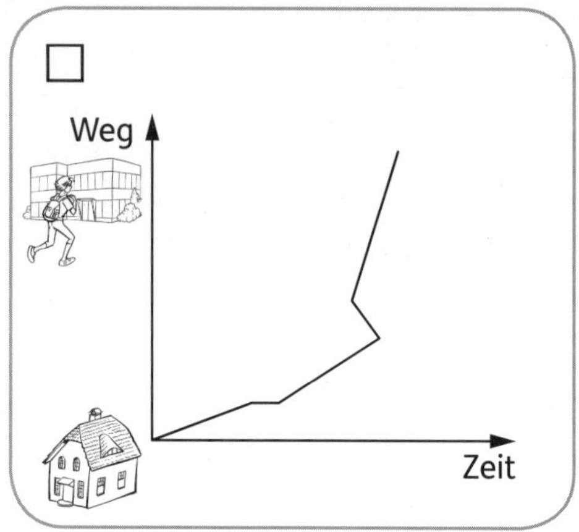

2. Welches Diagramm zeigt eine gleichförmige Bewegung? Welches Diagramm zeigt eine beschleunigte Bewegung? Verbinde die Bilder mit den richtigen Wörtern.

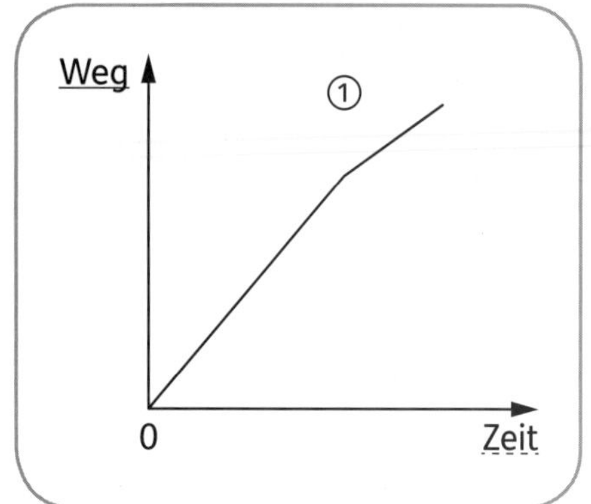

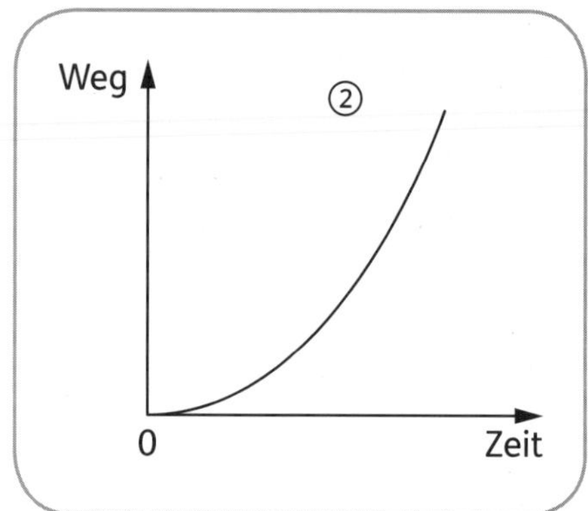

gleichförmige Bewegung

beschleunigte Bewegung

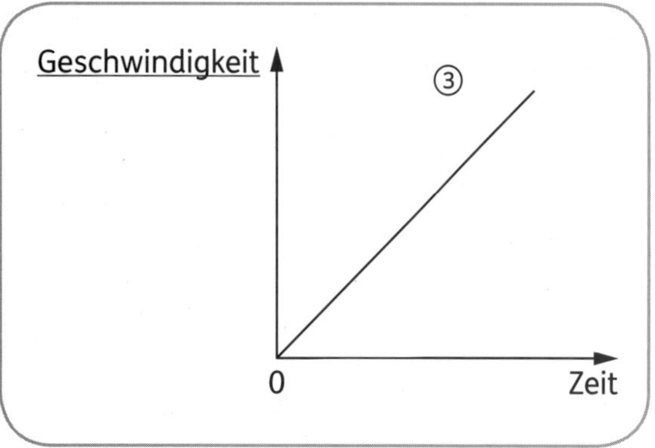

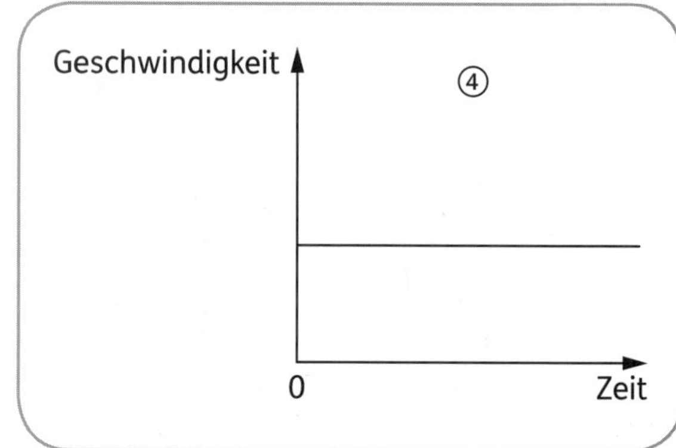

1.

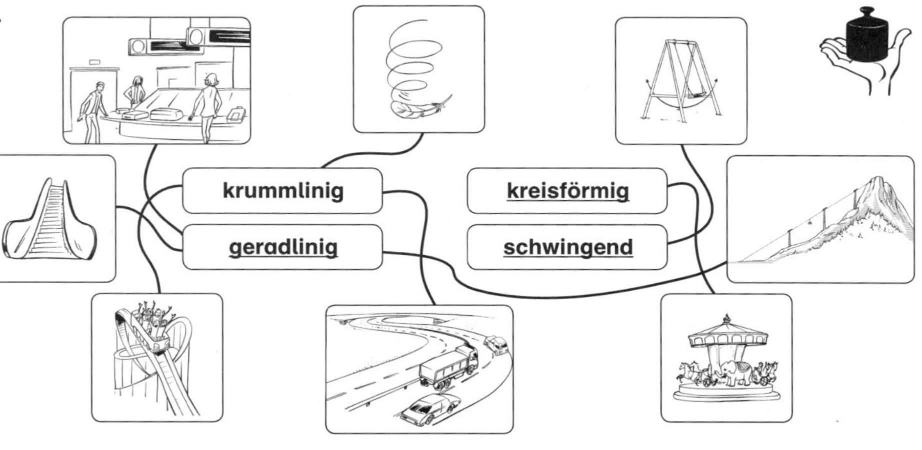

2. Die Rolltreppe bewegt sich _geradlinig_.
Die _Geschwindigkeit_ ist gleich. Die Bewegung ist _gleichförmig_.

Das Auto ändert seine _Richtung_, wenn es um eine Kurve fährt.
Das Auto fährt bergauf (↗) _langsamer_ und bergab (↘) _schneller_. Die _Geschwindigkeit_ ändert sich.
Die Bewegung ist _beschleunigt_.

3.

gleichförmig			X	
beschleunigt	X	X		X

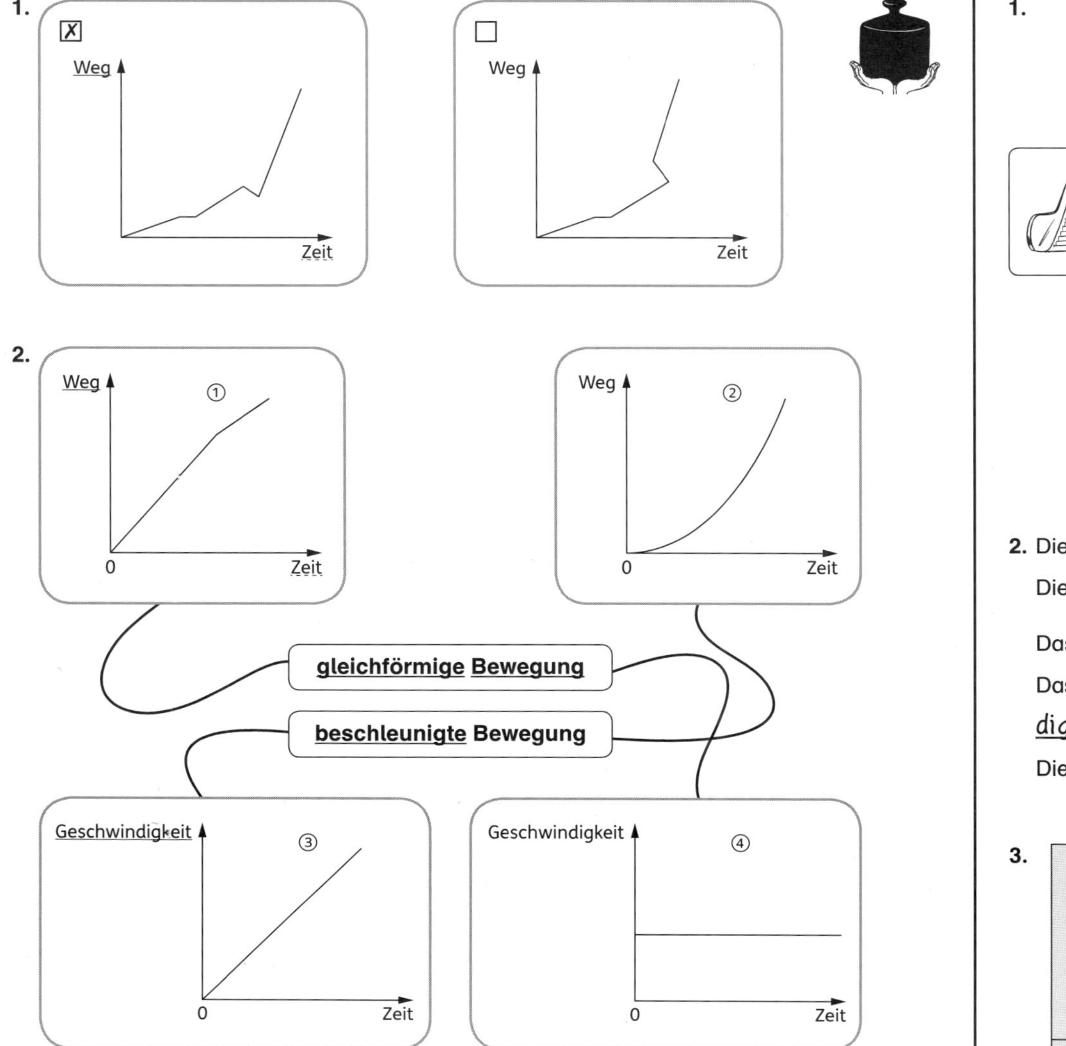